国家无障碍战略研究与应用丛书（第二辑）

无障碍环境发展宏观策略研究

吕军 著

辽宁人民出版社

©吕军　2021

图书在版编目（CIP）数据

无障碍环境发展宏观策略研究 / 吕军著 . —沈阳：辽宁人民出版社，2021.12
（国家无障碍战略研究与应用丛书 . 第二辑）
ISBN 978-7-205-10338-5

Ⅰ . ①无… Ⅱ . ①吕… Ⅲ . ①残疾人—社会服务—中国 Ⅳ . ①D699.69

中国版本图书馆 CIP 数据核字（2021）第 241761 号

出版发行：辽宁人民出版社
　　　　地址：沈阳市和平区十一纬路 25 号　邮编：110003
　　　　电话：024-23284321（邮　购）　024-23284324（发行部）
　　　　传真：024-23284191（发行部）　024-23284304（办公室）
　　　　http：//www.lnpph.com.cn

印　　　刷：辽宁新华印务有限公司
幅面尺寸：170mm×240mm
印　　张：13.5
字　　数：187 千字
出版时间：2021 年 12 月第 1 版
印刷时间：2021 年 12 月第 1 次印刷
责任编辑：李　丹　郭　健　赵学良
装帧设计：留白文化
责任校对：吴艳杰
书　　号：ISBN 978-7-205-10338-5
定　　价：65.00 元

总 序

张苏军

欣闻《国家无障碍战略研究与应用丛书》(第二辑)付梓,这份欣喜,既表达了对我国无障碍事业的蓬勃发展态势的喜悦,也有为那些投身于无障碍事业的各界人士的赞许,更饱含对创造更加宜居、宜业、宜游、舒适美好生活环境的期待。此套丛书的出版,对助力我国无障碍法治环境建设,以法治的精神、法治的力量和法治的感召,深入推进我国无障碍环境建设高质量发展,向世界展示中国方案、中国作为和中国成果,意义重大。

此套丛书汇集了我国无障碍理论研究的最新成果,聚合了北京大学、清华大学等国内高校和科研机构专家团队的力量,以多元视角、在诸多层面,系统性地对无障碍的社会价值、经济价值、科技创新等领域进行研究,同时对我国无障碍社会实践进行了深化梳理和总结,对城市更新、适老化改造、全龄友好型社区和残疾人家庭无障碍改造等进行了细化研究,为不断满足人民群众日益增长的对美好生活的需要,促进人的全面发展、逐步实现共同富裕的目标等提供了理论支持,发挥了无障碍理论研究与实践融合的独特作用及价值。

习近平总书记指出:"无障碍设施建设问题是一个国家和社会文明的标志,我们要高度重视。"这为我国无障碍事业发展提供了遵循,指明了方向。无障碍环境建设是一个国家科技化、智能化、信息化水平的体现,是一个国家经济建设和社会建设水平的体现,也是一个国家硬实力和软实力的综合体现。无障碍环境建设的高质量发展,将更好地满足人民群众日益增长的需

张苏军 第十三届全国人大常委会委员,第十三届全国人大监察和司法委员会副主任委员,中国法学会党组成员、副会长。

求，充分体现"以人民为中心"的发展理念。我国有8500多万残疾人，有近2.64亿60岁以上老年人，是世界上残疾人口和老年人口最多的国家，在无障碍环境建设方面有着巨大的现实需求。消除公共设施、交通出行、信息通信等领域的障碍，让广大老年人、残疾人平等地参与到康养、教育、就业和社会生活中，加强无障碍环境建设，是保障全社会成员特别是残疾人、老年人等有特殊需求群体融合共享社会生活的重要前提，是完善城乡基本公共服务的重要内容，是应对老龄化、满足适老化需求的重要措施，是建设美丽中国、健康中国的重要体现，是国家经济发展、人权保障、社会文明进步的重要标志。对于提升老年人、残疾人的社会适应能力，促进社会融合具有重要的现实意义。

近年来，我国无障碍环境建设发展迅猛。无障碍法规政策标准体系不断完善，无障碍设施、无障碍信息、无障碍服务水平不断提高，城乡无障碍环境建设方兴未艾，社区、残疾人家庭无障碍改造受益面不断扩大，无障碍环境建设取得的成就，在国内外彰显了重要的人文价值，产生了良好的社会影响。党的十九届六中全会总结中国共产党从小到大、从弱到强，从胜利走向胜利的根本经验，就在于依靠人民、服务人民、赢得民心。坚持以人民为中心的发展思想，着力保障和改善民生，着力解决人民群众急难愁盼问题，加强基础性、普惠性、兜底性民生保障建设，在幼有所育、学有所教、劳有所得、病有所医、老有所养、住有所居、弱有所扶方面不断推进。为人民创造安宁祥和、稳定有序的社会环境，才能让人民生活全方位改善，获得感、幸福感、安全感更加充实、更有保障、更可持续。这其中，高质量推进无障碍环境建设发展是必不可少、大势所趋的应有之义。

应该看到，当前我国无障碍环境建设与经济建设和社会发展水平还不相适应，无障碍环境建设还面临着诸多亟待解决的困难和问题；我国法律中关于无障碍的规定还不系统、不规范，法律之间缺乏有效衔接，而且多部专业领域的法律中未涉及无障碍环境建设的规定内容，因此，需要整合并形成系统完善的无障碍专门法律，强化无障碍法规政策实施落地的切实举措，进一步以法治来推进无障碍环境建设与国家社会经济发展和人权保障成果的融合，以法治来建立新冠肺炎疫情防控工作中的无障碍环境保障长效机制，以法治来促进无障碍环境护佑人民群众生命安全和身体健康，以法治来保障我国无障碍环境建设持续健康高质量发展，满足社会全体成员对无障碍环境建设日益增长的迫切需求。

无障碍环境建设立法已成为当前重要课题，是新阶段推进无障碍环境建设的必然所需，亟待加快无障碍环境建设立法进程。无障碍环境建设是一项整体的社会改造工程，不仅需要政府的主导，还需社会力量，特别是科研机构、社会组织等的广泛参与。无障碍立法既要立足现实，也要有前瞻性，要在中国特色社会主义法治体系之下探寻无障碍建设的法治保障，满足广大社会成员日益增长的无障碍需求，实现无障碍环境建设的高标准、高质量发展。

借《国家无障碍战略研究与应用丛书》（第二辑）出版，向促进社会美好和谐发展的中国无障碍事业致敬！向丛书全体编创人员表示感谢和敬意！

2021 年 11 月

国家无障碍战略研究与应用丛书（第二辑）
顾　问

叶静漪　庄惟敏　吕世明

前　言

残疾是每个人都可能面临的风险。残疾人事业是扫除各种障碍的事业，在不断消除各种障碍的过程中，逐步实现残障人士的"平等、参与、融合、共享"的愿景。无障碍环境建设事业也是扫除各种障碍、消除各种偏见和歧视的过程，是充分尊重和实现残障人士更好的健康权、社会参与权等各项社会权利的重要举措。无障碍环境建设是一个社会公德的体现，更是衡量一个国家、一个城市文明程度的标志。随着社会的发展，人们对无障碍环境的认识不断深入和提高，从仅仅把无障碍环境理解为为残障人士出行提供方便，到无障碍环境还惠及老年人、孕妇、小孩和携带大件行李的出行客。其实，无障碍环境影响着社会中每一个人的生活，发展无障碍环境建设的价值不仅在于便利人们的出行，更是与新时代社会的高质量发展、国民健康生活方式，以及促进残障人士主动融入、积极参与社会密不可分。

健康的生活与无障碍环境密不可分。因为无障碍的生活环境让人们的生活和出行更加轻松、便利和愉悦，避免"有障碍的环境"可能带给人们的潜在风险和危险，使人们保持健康愉悦的生活。无障碍环境建设的价值和意义不仅带给人们健康和愉悦，更能促进人们的社会参与和社会融合，促进残障人士更好地走出家庭，体验美好的社会生活，避免固守家里而产生的抑郁心理，更好地保持残障人群身心健康，充分共享社会建设与发展的美好成果，正所谓"美好生活就是残障人士的方便出行"。

国际社会对无障碍的认识，从20世纪六七十年代开始，关于无障碍环境的概念、功能和价值也逐渐进入学者的研究领域，我国从20世纪80

年代开始关注无障碍环境建设。近年来，随着社会发展和人们意识的提高，对无障碍环境研究更是上升到国家战略的高度。多年来，人们从建筑学、法学、社会学、工程设计学、城乡规划学等不同学科领域对无障碍环境开展了广泛的研究。但从无障碍环境建设的重要性和其所带给社会的价值来说，单纯从某个角度去研究无障碍环境，可能会产生"碎片化"的现象，缺乏系统性和全局性。为什么无障碍环境建设发展至今已经提升了很多，可我们发现实践中还存在着不少问题？如我们发现轮椅使用者和其他残障人士还是很少享用这些便利设施，同时我们也会看到城市道路上已建成的盲道不少真的成了"盲"道，被其他物体占用遮盖，根本无法正常使用。本书作为《国家无障碍战略研究与应用丛书》（第二辑）的一个分册，试图通过问题导向型研究范式，按发现问题—分析问题—解决问题的逻辑，从现代管理学的视角，运用系统论观点，聚焦人类全生命周期的各阶段，并运用通用设计理念，强调无障碍环境建设需要"以人为本"，将一个人全生命周期中可能遭遇的伤残、功能障碍等纳入环境设计所要考虑的因素当中，从而使无障碍理念的设计更加人性化和普及化，使无障碍环境的研究更加具有系统性和全局性。

鉴于此，本书分别从无障碍环境建设的价值与意义、研究现状、研究思路、理论框架、影响因素、发展策略、实践案例、未来展望与建议等几方面展开论述。本书提出无障碍环境发展宏观策略研究理论基础主要是系统论、多中心治理理论和通用设计理论；在系统分析无障碍环境建设现状的基础上，提出无障碍环境建设关键问题清单，据此提出无障碍环境建设九大策略：逐步更新普及理念和意识、完善多元主体和联动机制、强化政策执行过程管控、制定"逐步实现"的战略规划、保障可持续性资源的投入、打造立体分层的政策矩阵、运用新的技术治理无障碍环境。本书最后一章基于上述论述，前瞻性地提出国家无障碍环境建设发展有价值的对策与建议：开展无障碍环境建设，首先需要构建指导性的理论框架；运用多元化途径界定无障碍环境建设中的问题以减少优势集团选择偏差；同时在无障碍环境建设实践中推行通用设计理念；建立系统科学政策和科学高效机制以减少"碎片化"无障碍环境建设现象；另外无障碍环境建设还需要运用多元视角、配套科学的执行方案以保障其可持续、深入地开展。

在本书即将付梓之际，回顾几年来我们所做的工作，有太多的感谢在心间。首先要感谢中国残联吕世明副主席，在他的积极倡导和推动下，中国残疾人联合会与复旦大学成立了无障碍环境研究基地，激励我们在超特大城市的情境下探索无障碍环境建设的必要性和前瞻性。其次感谢美国圣地亚哥州立大学的张楠教授，她的理解和支持，使我们对无障碍环境建设的价值认识和残疾问题研究的使命有了更深刻的认识。还要感谢我们团队的孙梅老师、陈刚老师、励晓红老师、李程跃老师以及参与该项目的研究生谢辉、王草、陈一涵、陆婷、朱臻逸等，在此就不一一列出。感谢为本书做出贡献及支持的各位老师、同学、同仁和朋友们，无障碍环境的建设还需要我们一起继续努力！

由于时间和水平有限，书中难免会有不足和疏漏之处，恳请批评指正。

吕军
2021年9月

目 录

总　序 ·· 张苏军
前　言 ·· 001

第一章　无障碍环境建设的价值与意义 ······················ 001
　　第一节　无障碍环境建设的重要性 ························ 002
　　　　一、对无障碍环境的需求覆盖人的全生命周期 ········ 002
　　　　二、无障碍环境建设是健康中国战略的要求 ·········· 003
　　　　三、无障碍环境建设是提升社会质量的保障 ·········· 004
　　第二节　无障碍环境建设面临的挑战 ···················· 005
　　　　一、已有无障碍设施的维护和改造面临挑战 ·········· 005
　　　　二、无障碍环境建设要与社会多元的需求结合起来 ··· 006
　　　　三、无障碍环境建设需要关注"软环境"建设 ········· 006
　　　　四、无障碍环境建设需要系统思维管理 ··············· 007
　　　　五、无障碍环境建设需要法律环境支撑 ··············· 007
　　第三节　无障碍环境建设的意义和研究内容 ············ 008
　　　　一、构建无障碍环境建设理论框架 ···················· 008
　　　　二、界定无障碍环境建设的问题及规范差距分析 ····· 009
　　　　三、明确无障碍环境建设关键问题的影响因素 ······· 009
　　　　四、研制无障碍环境建设的发展策略 ·················· 010
第二章　无障碍环境建设研究现状分析 ······················ 011
　　第一节　无障碍环境建设研究计量分析 ················· 012
　　第二节　无障碍环境建设研究内容分析 ················· 014

一、无障碍环境利用与满意度评价 …………………………………… 014
　　二、无障碍环境法制规范 ……………………………………………… 015
　　三、无障碍环境建设与管理 …………………………………………… 018
　　四、社会意识和通用设计理念 ………………………………………… 020
　　五、无障碍环境建设研究评述 ………………………………………… 021

第三章　无障碍环境建设发展策略研究思路 ……………………………… 023
　第一节　研究理论基础 ……………………………………………………… 024
　　一、系统论 ……………………………………………………………… 024
　　二、通用设计理念 ……………………………………………………… 024
　　三、多中心治理理论 …………………………………………………… 024
　第二节　研究资料来源 ……………………………………………………… 025
　　一、学术文献 …………………………………………………………… 025
　　二、二手资料 …………………………………………………………… 025
　　三、现场调查 …………………………………………………………… 026
　第三节　研究分析方法 ……………………………………………………… 028
　　一、文献内容分析法 …………………………………………………… 028
　　二、逻辑分析法 ………………………………………………………… 028
　　三、规范差距分析法 …………………………………………………… 028
　　四、诊断树分析法 ……………………………………………………… 029
　　五、统计分析法 ………………………………………………………… 029
　　六、质量控制 …………………………………………………………… 032

第四章　无障碍环境建设理论框架构建 …………………………………… 033
　第一节　无障碍环境相关概念内涵 ………………………………………… 034
　　一、无障碍及无障碍环境的定义及内涵 ……………………………… 034
　　二、无障碍环境建设概念 ……………………………………………… 036
　　三、通用设计理念的认识 ……………………………………………… 037
　第二节　无障碍环境建设理论框架构成要素 ……………………………… 038
　　一、基于理论推导的无障碍环境建设要素 …………………………… 038
　　二、基于学术文献的无障碍环境建设要素 …………………………… 041
　　三、基于典型地区的无障碍环境建设要素 …………………………… 043

四、无障碍环境建设理想要素集 ……………………………… 049
　第三节　无障碍环境建设理论框架 ………………………………… 051
第五章　无障碍环境建设现状与问题分析 ………………………………… 053
　第一节　全国层面无障碍环境建设现状 …………………………… 054
　　一、无障碍环境建设政策现状 ……………………………………… 054
　　二、无障碍环境建设实践现状 ……………………………………… 064
　　三、无障碍环境需方认知现状 ……………………………………… 071
　第二节　上海市无障碍环境建设现状 ……………………………… 077
　　一、无障碍环境建设实践现状 ……………………………………… 077
　　二、上海市部分公共环境无障碍程度现状 ………………………… 078
　第三节　无障碍环境建设问题界定 ………………………………… 092
　　一、无障碍环境建设问题多元途径界定 …………………………… 092
　　二、无障碍环境建设问题清单形成 ………………………………… 095
　　三、无障碍环境建设关键问题确认 ………………………………… 099
　第四节　上海市无障碍环境建设规范差距分析 …………………… 105
　　一、规范差距分析基本思路和步骤 ………………………………… 105
　　二、上海市无障碍环境建设规范差距分析 ………………………… 105
第六章　无障碍环境建设影响因素分析 …………………………………… 113
　第一节　无障碍环境建设关键问题精确界定 ……………………… 114
　　一、建成无障碍环境/设施的监督手段少 ………………………… 114
　　二、建成无障碍环境/设施验收存在问题 ………………………… 115
　　三、无障碍环境建设各个环节脱节 ………………………………… 115
　　四、建成无障碍设施损坏、占用和侵占现象严重 ………………… 116
　　五、无障碍环境建设中全程随访与监督力度薄弱 ………………… 116
　　六、无障碍软环境建设落后于物质环境建设 ……………………… 117
　　七、人们对通用设计理念的误解 …………………………………… 117
　　八、公众（使用者）不知道如何使用无障碍设施 ………………… 118
　　九、无障碍环境实际施工过程中规范和标准遵循程度低 ………… 118
　第二节　无障碍环境建设关键问题影响因素 ……………………… 119
　　一、诊断树法及其步骤 ……………………………………………… 119

二、无障碍环境建设关键问题影响因素 …………………………… 119

第七章　无障碍环境建设的发展策略 ………………………………………… 131
　　第一节　发展策略构建思路和目标 ………………………………… 132
　　　一、发展策略构建思路与步骤 …………………………………… 132
　　　二、无障碍环境建设发展目标 …………………………………… 132
　　第二节　无障碍环境建设措施 ……………………………………… 133
　　　一、针对子目标一的措施 ………………………………………… 133
　　　二、针对子目标二的措施 ………………………………………… 134
　　　三、针对子目标三的措施 ………………………………………… 135
　　　四、针对子目标四的措施 ………………………………………… 135
　　　五、针对子目标五的措施 ………………………………………… 136
　　　六、针对子目标六的措施 ………………………………………… 137
　　第三节　无障碍环境建设策略 ……………………………………… 138
　　　一、逐步更新和普及理念意识 …………………………………… 138
　　　二、完善多元主体和联动机制 …………………………………… 139
　　　三、强化政策执行过程的管控 …………………………………… 139
　　　四、制定"逐步实现"战略规划 ………………………………… 140
　　　五、保障可持续性资源的投入 …………………………………… 140
　　　六、打造立体分层的政策矩阵 …………………………………… 141
　　　七、运用新的技术治理无障碍 …………………………………… 141

第八章　校园无障碍环境建设实践案例 ……………………………………… 143
　　第一节　校园无障碍环境建设的意义与目的 ……………………… 144
　　　一、校园无障碍环境建设的意义 ………………………………… 144
　　　二、校园无障碍环境建设的目的与目标 ………………………… 146
　　第二节　校园无障碍环境的诊断路径 ……………………………… 147
　　　一、前期：方案制定与调查准备 ………………………………… 147
　　　二、中期：方案实施与现场协调 ………………………………… 150
　　　三、后期：结果分析与评估反馈 ………………………………… 151
　　第三节　校园无障碍环境的建设情况 ……………………………… 151
　　　一、无障碍评估工具的评估结果 ………………………………… 151

二、调查员现场考察的调查结果 ……………………………… 160
　第四节　校园无障碍环境建设方案 …………………………… 172
　　一、形成校园无忧行动方案 …………………………………… 172
　　二、无障碍校园系统改造方案 ………………………………… 174

第九章　无障碍环境建设展望与建议 ……………………………… 179
　一、构建的理论框架对无障碍环境建设具有较强的指导性 … 180
　二、基于多元资料途径界定问题可减少因优势利益集团
　　　产生的选择偏差 …………………………………………… 180
　三、应推进通用设计理念应用于我国无障碍建设实践 ……… 182
　四、多元主体和科学高效机制应亟待完善以减少"碎片化"
　　　无障碍环境建设 …………………………………………… 183
　五、系统性科学政策需配套执行方案以保障政策效应和可
　　　持续性 ……………………………………………………… 183
　六、无障碍环境建设研究需要不断深入并基于多元视角 …… 184

参考文献 ……………………………………………………………… 185

第一章
无障碍环境建设的价值与意义

第一节　无障碍环境建设的重要性

世界卫生组织（World Health Organization，WHO）指出整个生命周期的健康和安康不仅取决于基因和个人特征，还取决于我们出生和成长的环境。因此，环境在决定我们如何老化以及应对在人生各个阶段都可能经历的疾病、功能损失和其他损失及不良事件方面扮演重要角色。

一、对无障碍环境的需求覆盖人的全生命周期

作为个体和环境之间的连接因素，无障碍环境已经成为决定功能障碍人群独立生活程度和社会状态的重要因素。对无障碍环境需求年龄段几乎覆盖整个生命周期。例如，女性处于怀孕时期，日常行为和活动需要无障碍环境予以支持；在分娩后，当处于怀抱婴儿出行或持有大件行李的情境时，需要无障碍环境来实现顺畅移动；对于老年人，无障碍环境为其外出进行社区活动和锻炼提供便捷，而日常社区活动与锻炼能够减少其慢性病发病风险。对于空巢老年人来说，无障碍环境在其独自生活中扮演至关重要的角色；对于残障人群，无障碍环境是其走向社区、学校等日常移动和生活场景的前置条件。此外，促进残障人群回归社会、增加社会交往，增进社会融合需要无障碍环境支撑。即使对于非弱势人群或非残障人士来说，在日常生活中也会遭遇"暂时性缺陷"，例如不合理的楼梯、复杂的设备等，也需要无障碍环境或设施来弥补这种"缺陷"。

人群对无障碍环境的需求越来越高。首先，功能障碍是每个人都会面临的高风险，《世界残疾报告》指出，功能障碍是人类状况的一部分，几乎每个人在生命的每个阶段都会有暂时或永久性的损伤。随着人体老化，功能障碍不断增加。根据世界银行估计，全球有十亿人口（15%）伴有某种形式的功能障碍，110万到190万人口伴有重型功能障碍。发展中国家的功能障碍流行

率高于发达国家,这与在2002—2004年开展的《世界健康调查》4和2004年全球疾病负担报告5F的估计接近。根据2006年我国第二次残疾人抽样调查及推算数据以及国际劳工组织数据估计6F,2010年末,我国残疾人口总人数约8502万人,重度残疾人数约2518万人。巨大功能障碍者数量意味着对无障碍环境有直接巨大需求。其次,人口老龄化程度高且速度加快,老年人,尤其是失能与半失能老年人遭受功能障碍的风险越来越大,并且各国正在经历前所未有的快速老龄化。根据联合国2017年发布的《世界人口展望》8,全球60岁及以上老年人口约9.62亿,占全球人口13%。60岁及以上老年人口正在以每年百分之三的速度增长,预计在2030年前,60岁及以上老年人口数将达到14亿,2050年前将达到21亿。我国老龄化现状和趋势也不容乐观,据国家统计局数据,2017年,我国老年人口(60岁及以上)超过2.4亿,占总人口17.3%,并且老龄化速度处于较高水平。全球功能障碍者群体中,超过46%是60岁及以上老年人,超过250万老年人经历中到重度残疾。此外,功能障碍者在参与社会生活各方面面临着一系列态度、物理环境和制度障碍,其中,老年功能障碍者群体受此影响最大,基于此提示我们,全球老龄化上升趋势以及老年群体高致残风险,将会导致更多老年人口遭受功能障碍。这意味着此群体对无障碍环境的绝对需求巨大,并且呈上升趋势。

此外,当代中国人群跨区域流动频次增加,接触公共交通和公共环境的机会也随之增加,这就对公共环境的无障碍化实现程度要求也越来越高,如何满足不同人群对无障碍环境的需求显得非常迫切。

二、无障碍环境建设是健康中国战略的要求

促进功能障碍者健康是《"健康中国2030"规划纲要》(以下简称《纲要》)的重要内容。在《纲要》中,提出全民健康是建设健康中国的根本目的,立足全人群和全生命周期两个着力点,突出解决好妇女儿童、老年人、残疾人、低收入人群等重点人群的健康问题。残疾人、失能和半失能老年人属于功能障碍者范畴,功能障碍者作为全民构成中一个庞大而又极具特殊性的群体,其健康成为实现全体人民共同迈入全面小康社会的托底目标。可见功能障碍群体的健康问题成为《纲要》关注重点之一。《纲要》还强调广泛开展健康社区、健康村镇等建设,提高社会参与度。而无障碍环境是促进功能障

碍者身体健康和社会参与的必要措施。首先，关注残疾人健康，完善医疗机构无障碍设施成为《纲要》内容。无障碍环境在功能障碍者，例如残疾人、老年人等的移动出行、康复和生命质量方面发挥着重要作用。此外无障碍环境还通过影响老年人外出锻炼身体的程度，进而影响这些群体的认知能力、独立性和慢性病发展等。无障碍环境建设与利用能够促进功能障碍者身心健康。其次，根据联合国《残疾人权利公约》，每个人都有参与权利。而功能障碍者社会参与受到建成环境影响。无障碍环境建设和提供能够促进功能障碍者社会参与。

综上所述，无障碍环境建设通过促进功能障碍者群体身心健康，成为全体人民健康的保障之一，从而是实现《"健康中国2030"规划纲要》全民健康目标的需要。

三、无障碍环境建设是提升社会质量的保障

社会情境中，如在校园中为功能障碍学生提供无障碍环境，不仅能为他们在校园中移动提供便捷，保障功能障碍学生的安全，而且能增强他们参与校园活动的意愿以及最大可能激发他们的潜能；工作场景中，无障碍环境对于功能障碍者就业能力和就业持续力来说至关重要，如果给予功能障碍者机会，功能障碍者就是潜在生产者，具有强烈的意愿进行生产，并且极具生产力。当然，前提是能够提供一个"增能"和"有益"的环境来确保他们能够融入和发展；工作场所无障碍化对残障者社会融合具有促进作用。如果功能障碍者能够被合理地对待，他们的生产力将不逊于非功能障碍者，并且国家和社会也将受益于功能障碍者的自我发展。

此外，无障碍环境还能够弥补功能障碍带来的职业声望劣势，促进心理健康来减少社会风险，增强功能障碍者权利、愿望的表达，减少社会群体性恶性事件发生。

上述提示，无障碍环境在改善功能障碍者的生活质量，提升此群体与社会互动融合，促进社会凝聚和社会包容方面不可或缺，而上述情况实现意味着满足了社会质量的条件性因素，从而促进社会质量的提升。

第二节 无障碍环境建设面临的挑战

无障碍环境建设重要性已在本章第一节进行了论述，新时代我国无障碍环境建设更凸显出其重要的地位和作用。但现实生活中，我国无障碍环境设施仍然非常缺乏，已有的无障碍设施一方面由于缺乏必要的标识或引导，使用率较低情况严重，另一方面无障碍设施被人为损坏，导致无法使用的情况也时有发生，无障碍环境建设任重道远，面临巨大的挑战。

无障碍环境建设使用性和实用性低的问题，值得我们去思考与探讨很多深层问题。首先，当前无障碍环境建设未能基于使用者需求建设，建设者盲目追求建设数量，不注重质量和实用的问题较严重。其次，受制于管理部门的管理机制和能力，对建前、建中和建后的无障碍环境设施没有做到有效的监督和维护，在无障碍环境建设过程中，监管力度薄弱，工程验收标准低下，这导致无障碍设施质量难以保证。此外无障碍环境建设还需要多方协作，加强无障碍"软环境"建设和良好的法律环境支撑。

完善无障碍设施、加强无障碍环境建设是一项重要民生工程，是残障人士、老年人等特殊群体全面参与社会生活的重要基础条件，有利于提升社会环境、生活品质和服务水平，培养公共道德意识，促进社会进步。具体来说，我国无障碍环境建设面临以下的挑战。

一、已有无障碍设施的维护和改造面临挑战

虽然我国《无障碍环境建设条例》（以下简称《条例》）已实施近十年，然而先前已有的很多建筑物并没有按照《条例》和《城市道路和建筑物无障碍设计规范》的要求建造，这些已有建筑物的无障碍设施改造和维护面临很大的挑战。

通过对已有建筑物的考察发现，原来由政府出资建设的基础设施，其无

障碍设施比较齐全，如市民广场及主要道路等都配备了功能较齐全的无障碍设施，而社会投资及其他方面出资的建设项目，其无障碍设施建设没有得到应有的重视，一部分已有的重要公共服务场所也没有配置相应无障碍设施，也许是当初规划设计与建筑设计时忽视了无障碍设施，从而使这些重要区域成为无障碍设施的盲区。目前，这些已有无障碍设施面临巨大的改造与维护困难，如由于当初无障碍设施设计不规范，有些缘石坡道宽度不够、坡度过高等，还有些已建的盲道被挤占情况比较常见，非机动车或摊位、路边杂物随意侵占盲道，使盲道不够畅通，不利于视障者安全行走。

二、无障碍环境建设要与社会多元的需求结合起来

无障碍设施维护与改造要与人们的需求结合起来，要与我国当前老旧小区改造、适老化、适儿化改造结合起来进行，虽然任务艰巨，但其社会意义非常明显，也是最能让人们感到城市温度的工作。

无障碍设施是残障人士、老年人和其他社会成员正常工作生活的基本保障，起初很多人认为无障碍设施仅仅是给残疾人用的，整体需求小，因此投入的人力、物力和财力十分有限。但是实际上，无障碍设施作为一项社会基本的公共服务产品，无障碍环境建设其实具有普惠性。实际使用中，除了残疾人群外，老人、孕妇、小孩、携带大件和行动不便者等都有不小的使用需求。所以，无障碍环境建设应紧密围绕不同人群的多元需求进行设计和建设，树立无障碍环境具有广泛的使用需求的理念，从方便所有社会成员基本出行出发进行设计和建设，让无障碍环境更好地满足全社会不同人群的多元使用需求。

三、无障碍环境建设需要关注"软环境"建设

从我国目前无障碍环境建设情况来看，无障碍"硬环境"建设从无到有，从零到一，取得了初步的成绩，而在无障碍"软环境"建设方面显得非常不足。首先，我国无障碍环境建设方面法律法规、规范标准等还不够系统统一，《无障碍环境建设条例》实施至今已快十年了，与我国快速发展的经济建设和社会生活不相适应，亟须从制度层面对我国无障碍环境建设进行更好的顶层设计，同时对我国有关无障碍设施建设的执法主体进行明确规定，还

要建立无障碍设施建设的有效审批制度，建立起无障碍环境建设监管考核的常态化机制，加强无障碍环境整体日常巡查管理和行政执法工作力度。这些重要的无障碍"软环境"的建设不力造成了我国很多无障碍设施形同虚设，没有真正发挥作用。

另外，我国民众的无障碍文化和无障碍意识尚需培育和提升，建议可在中小学教育中增加相关内容，从小培养无障碍理念。相关高等院校可开设相关无障碍建设的课程，培养专门人才。同时充分发挥社会舆论的引导作用，利用电视、报纸、网络等多种媒介，从学校、社区到公共场所开展无障碍知识的宣传活动，弘扬共享理念，普及无障碍环境建设法律法规和标准规范，营造无障碍环境的良好社会氛围。将无障碍信息交流纳入我国信息化建设规划，加强信息无障碍相关产品及技术的研发、推广、普及和应用，破除数字时代特殊群体参与社会生活面临的数字障碍。

四、无障碍环境建设需要系统思维管理

在无障碍环境建设与改造中，还要注意运用系统的、整体的思维和策略。目前很多已有的无障碍环境建设还面临一个挑战，就是建设不系统、不规范，改造缓慢、维护不到位等问题严重，使无障碍建设面临很大的困惑。

在目前形势下，我国城市无障碍环境建设从初期的设计、中期的施工到后期日常的维护和监督，分别属于不同的责任主体，这导致我国无障碍环境设施存在不系统、不统一、不规范的现象很多，无障碍设施覆盖面不全、功能不完善、布局不合理、维护不到位等问题非常突出。从整体看，我国无障碍环境建设应加强系统性和统一性，运用系统管理的方法，从设计到施工、使用、维护，都应做到统一、规范、系统，才能真正把无障碍环境建设这项惠民工程做好，让不同的社会成员都能从中受益。

五、无障碍环境建设需要法律环境支撑

我国《无障碍环境建设条例》自2012年实施以来，全国各地相继出台了地方无障碍建设与管理的法律、规章等。但是《条例》及地方法规有很大一部分内容还处于鼓励、倡导的水平，缺少真正的法律的强制性、刚性的规定，一旦有人违反了相关规定，法律对其也缺乏相应具体的惩处措施。法律

界人士曾建议，应对相关现行无障碍建设法律法规进行修订，明确并提高无障碍环境建设的规范标准和设计要求，并确立违反法律和规范的惩罚责任，同时规定新建无障碍设施应由相关部门严把设计、施工、监理、验收关，制定强制性的无障碍设计标准和规范，让无障碍环境建设相关法律法规得以严格执行和落实。

第三节　无障碍环境建设的意义和研究内容

无障碍环境及其建设的重要性不言而喻。但目前我国无障碍环境建设与管理还处于"单环节"思维，属于"一锤子"买卖。无障碍环境建设过程中还缺乏系统思维、"通用无障碍"思维和需求思维。无障碍环境建设需要具备一个完整的建设周期，即从发起建设到实现价值是一个多环节、多主体的闭环过程。基于此，需要基于系统论和通用设计理念，通过研究来回答我国无障碍环境建设需要哪些要素、现状如何、存在什么问题，什么样的建设策略是理想策略等问题，以期为无障碍环境建设行为提供系统框架，诊断当前无障碍环境建设存在的不足，最终为无障碍环境建设提供可能方向。基于研究，为提升建成无障碍环境可使用性、实用性，促进全人群特别是功能障碍者群体出行和独立生活，满足其需求，实现无障碍环境价值提供初步参考。

一、构建无障碍环境建设理论框架

第一，界定无障碍环境建设内涵和外延。运用文献内容分析法，在系统收集国内外相关学术文献、政策文本基础上，借助逻辑归纳，对无障碍环境建设相关定义、内涵和外延进行初步界定，如，无障碍、无障碍环境等。

第二，明确（理想的）无障碍环境建设构成要素。考虑到无障碍环境具有公共物品属性并且涉及多主体，从管理学视角，基于系统论、通用设计理念和多中心治理理论部分论点，首先，从理论上推导无障碍环境构成要素可能包括哪些；其次，基于学术文献，总结提炼无障碍环境建设构成要素；最后，在借鉴典型国家和地区无障碍环境建设经验基础上，总结、提炼无障碍环境建设所包含要素及所涉及主体和机制，形成要素清单。

第三，以系统论为指导，围绕构建的要素清单，将要素清单结构化和逻辑化，并嵌入无障碍环境建设科学系统当中，最后归纳总结成无障碍环境建设的理论框架。

二、界定无障碍环境建设的问题及规范差距分析

第一，分析实践现状。全国层面，首先，系统检索有关我国无障碍环境建设政策文本，提取政策文件要素，如，政策目标、政策措施等，按照无障碍环境建设时期，分阶段进行变迁分析；其次，对相关网络文本进行系统检索并结合残障人群和老年人群访谈和社会公众网络调查，从需方（使用者）角度，分析使用者的无障碍意识程度、使用者关于当前无障碍设施的满意度、意见等，完善现状分析。上海层面，首先，基于上海市政策文本和二手数据，从而提炼上海市无障碍环境建设现状；接着，对上海市内特定公共环境中无障碍程度进行实证调查，进一步补充上海市无障碍环境建设现状。

第二，界定我国无障碍环境建设存在的问题。首先，基于前期对我国和上海市无障碍环境建设实践现状分析，通过逻辑分析，分别从政策变迁分析、二手数据分析、网络文本分析和访谈等现状分析结果，导出无障碍环境建设问题清单；接着，基于形成的问题清单，通过逻辑分析和专家论证，按照严重性、重要性和可解决性三个维度导出关键问题。

第三，规范差距分析。首先，确立规范差距分析的标准；接着，通过逻辑分析和建立规范差距分析模型分析上海市无障碍环境建设与既定标准之间存在的差距。

三、明确无障碍环境建设关键问题的影响因素

在明确无障碍环境建设关键问题后，需要明确其影响因素，为接下来的策略构建奠定基础。

首先，基于"总—分—总"逻辑，针对前期确定的关键问题，进行详尽描述和界定，即详细界定关键问题；接着，通过诊断树方法，对各关键问题

进行"追根溯源",形成一级影响因素;接着对一级影响因素再次进行"追根溯源",形成二级影响因素,以此类推,最终提取关键问题影响因素。

四、研制无障碍环境建设的发展策略

第一,确定无障碍环境建设目标。基于前期我国和上海市无障碍环境建设现状分析及关键问题界定后,需要进一步明确,对于关键问题的解决和无障碍环境建设,需要实现到什么程度,即目标是什么,并基于整分合原理,将目标分解,形成层次明晰的目标系统,即总目标,子目标1、子目标2,以此类推。

第二,搜寻围绕目标的无障碍环境建设措施(集)。基于每个子目标,遵循目标—手段思路,从无障碍环境服务所涉及的主体,按照构建的理论框架,总结归纳具体的、具有可操作性的措施(集)。

第三,构建无障碍环境建设发展策略。围绕目标系统中子目标,基于制定的措施,通过逻辑归纳和演绎,将子目标和相应的相似解决措施进行凝练(如,关注角度类似、手段类似、实施主体类似等),形成针对子目标的策略。

第二章
无障碍环境建设研究现状分析

第一节　无障碍环境建设研究计量分析

通过制定检索策略在中国知网上进行相关文献检索，以此来了解当前国内无障碍环境建设相关研究分布。以"无障碍环境""无障碍设施"和"通用设计"为关键词，通过"或者"布尔逻辑符号连接，形成检索式。由于我国无障碍建设起始于20世纪80年代，所以检索时间段设置为1980年1月1日至2018年11月1日。检索的文献分类目录排除类目为"基础科学"和"农业科技"。最后共获得1066条文献，进一步限制为中文文献后，获得1021条文献。第一轮查重后，获得986条文献；第二轮通过题目和摘要删除不相关文献后，最后获得680条文献。排除标准：（1）领导讲话、相关标准规定正文、新闻作品；（2）关于非环境和非相关设施、产品的通用设计研究或通用设计参数原理；（3）浅谈类文章。

目前国内外关于无障碍环境建设研究多聚焦于无障碍的设计规范、无障碍的法制介绍和跨地区法制对比、无障碍设施现状调查和满意度评价、无障碍环境的管理问题以及关于无障碍建设的社会意识和公众参与等。研究跨建筑学、城乡规划、社会学、行政管理、法学等。此外，国内外相关研究多聚焦无障碍环境在上述几个方面的实践现状，因此，此综述从上述维度综合当前无障碍环境建设的研究和实践概况，并做评述。

由图2-1-1可以看出，我国无障碍相关研究数量在2000年后开始呈现快速上升。在2008年出现一个高峰，可能与2008年在我国举办的奥运会有关。在2012—2013年再次出现高峰，此后研究数量居高不下。而在研究主题方面，无障碍设施、通用设计和无障碍环境是排在前三位的主题，截至2018年11月1日，分别为811篇、592篇和581篇。研究主题具有较大的相关性，见图2-1-2。

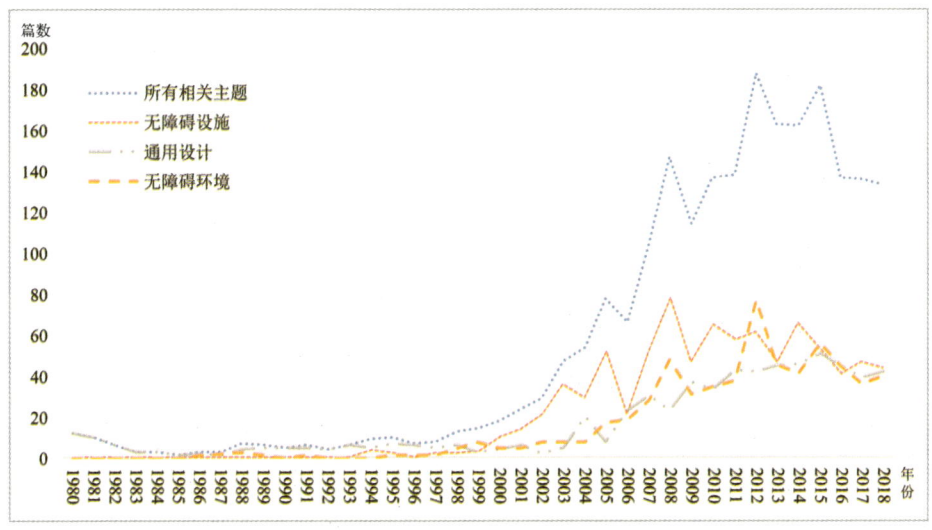

图 2-1-1　无障碍环境建设相关研究主题的时间分布

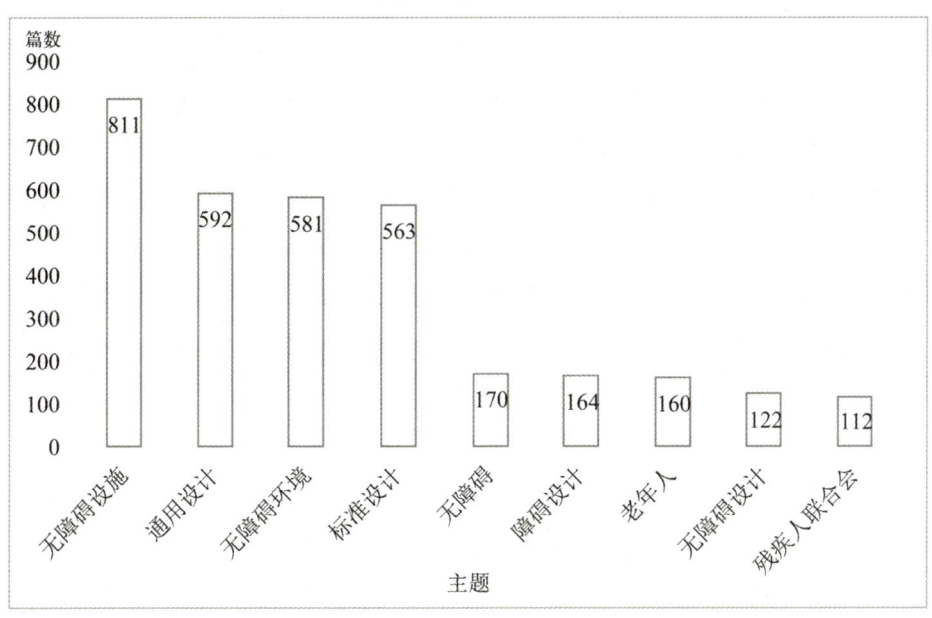

图 2-1-2　无障碍环境建设相关研究主题的数量分布

第二节　无障碍环境建设研究内容分析

一、无障碍环境利用与满意度评价

（一）无障碍环境利用现状

关于无障碍设施利用现状的调查，研究者主要开展以人群为基础的横断面调查，通过对人群的无障碍利用态度和利用程度进行调查来了解当前无障碍设施使用情况，例如，邹振伟等对浙江省舟山市市区无障碍设施使用情况进行调查，发现大部分人群对无障碍设施并不是很关注，使用频率较低；向铭铭等对四川省震后北川新县城无障碍设施的利用情况进行调查，结果显示，在残障人士数量较高且聚居的情况下，无障碍设施却较少被利用。Bibo Ning 等对上海轨道交通的无障碍设施认知情况进行调查，发现某些无障碍设施使用说明模糊，30% 的被调查者没听过轨道交通环境中的"无障碍公共卫生间"，只有 20% 的被调查者见过"无障碍公共卫生间"等。其他类似研究也都同样发现在被调查地区，被调查者无障碍设施的认知程度不高，利用率低。Berhanu Asfaw 等对居住在埃塞俄比亚 Bahir Dar city 的行动障碍人群的公共厕所利用情况进行调查，发现此群体公共厕所利用率低，而公共厕所的无障碍程度则与此相关。

（二）无障碍环境满意度

无障碍环境使用者满意度评价方面，张伟芳等对兰州无障碍环境使用者满意度进行调查，基于模糊矩阵评价，发现公众对兰州市无障碍环境的满意度较低。薛晋聪等对天津市轨道交通中的无障碍环境的满意度进行人群评价，发现满意度评分较低。舒平等对天津市养老院的无障碍设施满意度进行调查，发现被调查老人在无障碍设施的安全性和易达性维度上满意度较高，在可交往性和易识别性上满意度较低。类似国内研究同样主张被调查对象对当地无障碍环境或无障碍设施建设持不满意或一般态度。Yee-Chaur Lee 等对我国台湾地区火车站无障碍设施和服务的满意度进行调查，发现肢体残疾人对无障碍服务较为满意，但对厕所和室外引导通道等物理环境最为不满意。总体来说，被调查者对站内的无障碍设施不是很满意。Chung-Wei Kuo 等基于结构方程模型认为高铁服务的无障碍质量不仅影响高铁服务的效果和效率等整体质量，还会影响高铁服务的形象，而高铁服务的整体质量和服务形象则会作用于使用者对高铁服务的满意度。Hanna Wennberg 等对瑞典政府实施无障碍法令前后老年人对室外环境的满意度进行了评价，结果为实施后老年人对室外环境的总体满意度提升，但当特别考虑物理障碍时，实施前后的满意度并未发生变化。韩国类似对各无障碍公园进行的调查显示：不同公园的无障碍设施使用者满意度不同，但总体来看，满意度是非常低的。

二、无障碍环境法制规范

关于无障碍环境的法律法规研究，多集中于对当前法律法规的梳理和中外无障碍环境法律法规的对比研究。

（一）我国无障碍环境法律法规梳理

我国无障碍法制建设的探索开始于 20 世纪 80 年代。从空白状态逐渐到自成体系。我国无障碍法制建设，中央政府颁布政策法规，地方政府也会出台相关配套政策和措施。到 2015 年，全国共计有 451 个省、市、县级单位颁布了无障碍建设相关政策和政府令。无障碍法律法规逐渐系统化，建设标准也持续提升，基本奠定我国无障碍环境建设的基本模式。我国无障碍环境建设相关政策法规梳理见表 2-2-1。

表 2-2-1 我国无障碍环境建设相关政策法规

年份	名称	特点
1986	《方便残疾人使用的城市道路和建筑物设计规范（试行）》	我国制定第一部国家层面的无障碍建设规范
1988	《中国残疾人事业五年工作纲要（1988—1992 年）》	强调逐步为残疾人创造良好的环境条件，在新建城市道路和公共建筑中融入方便残疾人的设计规范，对建成的省会和特大城市主要道路、公共建筑和公共设施进行有计划的分步骤改造
	《残疾人事业"八五""九五""十五""十一五"计划纲要（发展纲要）》	规定了建设无障碍设施的任务与措施

续表

年份	名 称	特 点
1990	《中华人民共和国残疾人保障法》	规定国家和社会应当采取措施，逐步完善无障碍设施，推进信息交流无障碍，为残疾人平等参与社会生活创造无障碍环境
1996	《中华人民共和国老年人权益保障法》	规定国家制定无障碍设施工程建设标准，各级人民政府和有关部门应当按照国家无障碍设施工程建设标准，优先推进与老年人日常生活密切相关的公共服务设施的改造。无障碍设施的所有人和管理人应当保障无障碍设施正常使用
1998	《方便残疾人使用的城市道路和建筑物设计规范》	强调进一步强化无障碍环境建设的审批和验收管理
2001	《城市道路和建筑无障碍设计规范 JGI50—2001》	对1986年《方便残疾人使用的城市道路和建筑物设计规范》中无障碍建设相关内容进行技术修订
2003	《建筑无障碍设计》	出版
2008	修订《残疾人保障法》	对多项与无障碍相关的建设标准与规范进行了梳理和修订
2008	《残疾人综合服务设施建设标准》	为无障碍建设工作提供了有法可依、有章可循的标准与技术文件体系
2012	《无障碍环境建设条例》	从无障碍设施建设、无障碍信息交流、无障碍社区服务等方面做出规定，为了创造无障碍环境，保障残疾人等社会成员平等参与社会生活提供保障

（二）其他国家或地区无障碍环境法律规范梳理

其他国家或地区有关无障碍环境建设相关法律和规范见表2-2-2。

表2-2-2 其他国家或地区无障碍环境建设相关法律法规

地区	年份	名 称	特 点
美国	1961	《使残障者易于接近和使用的美国建筑物及设施设计标准》（《American Standard Specifications for Making Buildings and Facilities Accessible to and Usable by the Physical Handicapped》）	1. 世界上第一个无障碍设计标准 2. 该标准首次对无障碍环境建设设置标准。这为以后美国国内无障碍环境相关法律法规的制定奠定了基础
美国	1964	《城市大众交通法》（Urban Mass Transportation Act）	重点关注交通领域的无障碍环境建设
美国	1965	《职业康复法案》的修正案	1. 在全国范围内成立建筑障碍消除委员会，同时要求企业相关建筑物必须符合残障人士的使用方便性 2. 该修正法案是联邦政府正式提及无障碍的第一部法案，也是将无障碍环境建设的监督与执行予以细化的第一部法案

续表

地区	年份	名　称	特　点
美国	1968	《无障碍建筑法案》	规定无障碍建筑的修建和改建由联邦政府出资，以保障其可及性和使用权利
美国	1973	《康复法案》（Rehabilitation Act of 1973）	再次强调受到联邦政府资助的新建建筑物及相关公共设施，必须确保残障人士使用的可及性和便利性
美国	1974/197?	对《康复法案》进行两次修订	进一步将老年人纳入残障者范围
美国	1981	《联邦可及性统一标准》（Uniform Federal Accessibility st）	明确规定所有政府机关必须遵循最低统一标准
美国	1990	《美国残疾人法案》（Americans with disabilities act of 1990）	该法案几乎成为美国无障碍环境建设的指南，在就业、公共服务、公共交通、私人机构和电信等各方面都体现着无障碍原则
美国	1996	《通讯法案》（Telecommunications Act of 1996)	
美国	1998	1.《康复法案》（Rehabilitation Act of 1998）修正案 2.《辅助技术法》（Assistive Technology Act）	分别颁布相应条款，以促进信息通信的"通用设计化"，使包括残障者、老龄者在内的所有人都能拥有享受各种信息服务以及平等操作使用各类机器设备的权利
日本	1994	《老年人和肢体残疾人无障碍建筑法》（Heartful Building）	旨在建设能够满足残疾人需要的公共建筑。鼓励医院、剧院等特定公共建筑的拥有者改造出口、走廊、楼梯、卫生间以及其他设施。地方政府有权提供指南、责令修改以及撤销授权。无障碍环境建造和改造一旦通过审批，将给予补贴
日本	2000	《残疾人和老年人公共交通设施促进法》	为老年人和残疾人在社区中难以做到独立活动和生活，旨在提出措施以提升老年人和残疾人使用公共交通、其他公共设施、道路和站台
日本	2002	《残疾人协助犬法》	为残疾人提供良好的协助犬，并且促进具有协助犬的人能够更好地接触到相关设施，以此来提升他们的独立性和社会参与
中国台湾	1980	《身心障碍者福利法》	其中第23条规定，所有新建公共设施、公共建筑、公共娱乐设施和公共交通设施必须配备方便残障者使用的装置。如果违背规定，将取消授权运营。现存设施必须进行无障碍改造
中国台湾	1989	《建筑技术控制条例》	公共建筑和场地应当装备能够促进残疾人移动的设施。此外，台湾还发布补贴无障碍建设的实施方案

从上述我们可以看到，其他国家或地区无障碍环境建设不仅有多层次的立法保障，并且法律条款清晰、具有可操作性，为保障残疾人、老年人的相

关无障碍权利提供坚实法律基础。

（三）无障碍环境建设法制比较研究

关于无障碍环境建设法制比较研究，成斌基于我国和国外特定国家和地区的无障碍环境法制的梳理，总结出我国无障碍法制建设存在的问题并给出建议。贾巍杨等通过总结日本、美国等无障碍设计法制较为成熟国家的经验和趋势，将其发展特征与我国作对比，进而提出我国无障碍法制建设的建议措施。赵祥等对国际将近20年无障碍环境法制建设进行综述，以洞察国际相关趋势，为推动我国无障碍环境法制建设提供借鉴。Weiyang Jia通过对我国、美国和英国三国无障碍法制的特点和现状进行对比，总结出美英无障碍建设的法制趋势，为我国无障碍法制建设工作提供了一个工作方向。

三、无障碍环境建设与管理

（一）建设主体和服务提供

《中华人民共和国残疾人保障法》规定承担无障碍环境生产与供给是各级人民政府的新的保护性责任。可见，在我国各级人民政府负责组织和提供无障碍环境建设和服务。然而，由于我国无障碍环境相关法律、规范、政策体系过于模糊化，缺乏具体措施及实施细则，导致各级政府缺乏无障碍建设具体经费保障的法律依据，因而不能将无障碍环境建设作为公共产品给予充足的经费保障。无障碍环境的组织和供给停滞不前。李炜冰在其研究中指出无障碍环境建设因其公共物品的属性，政府应该承担起生产与提供的责任。因此，可以看出当前无障碍环境服务的提供仍以政府公共部门为主导。

（二）监督维护和常态管理

根据《无障碍环境建设条例》的要求，住建部和相关部门对于无障碍设施的建设情况要加强监督管理，同时要进一步深化、推进无障碍设施的建设。然而，无障碍环境的维护和管理不善，致使部分已建成的无障碍设施遭到破坏、荒废或者挪作他用。特别是对盲道的侵占、破坏现象严重。很多无障碍设施由于管理上的疏忽，经常被挪为他用，没有得到充分利用。

美国无障碍环境建设有着完善的监督机制，有联邦机构设立的监督系统，如无障碍委员会和全国残疾人委员会。另外还有各种残疾人组织对无障碍实施情况进行调查和监督，再者就是公民大众的监督，尤其是残疾人消费者的监督，此外投诉渠道和方式也十分简单快速。

我国台湾地区也有类似制度。新建建筑物必须通过台湾无障碍协会检查小组检查通过，如果无障碍设施建设不符合标准，就要及时召开研讨会等现场解决问题或根据有关条款进行处罚，当局政府不允许发放合格证等。

无障碍环境建设主体的沟通与协作方面，我国由于无障碍环境建设制度执行主体不仅涉及住建部、交通运输部、公安部、文化部、财政部、发改委、民政部、教育部、新闻出版广电总局等诸多部门，还涉及大量的企业单位，这些执行主体分别承担无障碍环境建设的不同内容。2011年残疾人事业统计公报显示，全国只有18个省、194个地市、857个县（市、区）成立了无障碍建设领导协调组织，多数地方政府并没有成立专门的无障碍建设领导小组，更没有建立部门之间、各事业单位无障碍环境建设的长效工作机制。部门与部门之间、单位与单位对无障碍环境建设的认知和重视程度不同，不同部门之间、不同单位之间无障碍建设制度执行程度差异很大。

美国无障碍委员会作为一个独立的联邦机构，通过在可访问设计和可访问性指南和标准的开发方面的领导力，促进残疾人的平等。该委员会成立于1973年，作为联邦机构之间的协调机构，直接代表公众，特别是残疾人。其中12名成员是大多数联邦部门的代表。另外13人是总统任命的公众成员，其中大多数人必须有残疾。

（三）无障碍环境建设管理存在的问题

关于无障碍环境建设管理存在的问题，研究者主要集中在以下几方面。

1. 无障碍环境建设缺乏协调机制和连续性

刘蕾在其硕士论文中指出沈阳市无障碍环境建设存在建设不连续和无障碍设置被占用破坏严重等建成后管理问题。张燕在其论文中指出杭州市无障碍环境建设存在诸多问题，如无障碍环境建设的规划设计与施工审查之间存在矛盾、无障碍环境建设追求数量忽略质量，存在盲目性。张东旺在其论文中也强调当前我国无障碍环境建设的管理问题亟待解决。

2. 无障碍环境建设管理主体模糊

谭力认为，当前我国各省市在无障碍环境建设主体界定上面存在模糊性。如一些省级无障碍设施建设管理规定中使用类似"各级人民政府"作为主管机关，但实际上并没有规定清晰的管理主体，造成的后果包括违反规范的无障碍环境建设行为处罚无力，甚至免于处罚。

3. 无障碍环境建设监督工作薄弱

马卉等人指出由于地方政府的管理和行政水平和能力的差异性，对新建和改建的无障碍设施难以形成一个有效的监督和管理体系，建前、建中和建后都缺乏科学有效的监督。沈殿忠等人在与世界银行北京办公室共同发布的《中国无障碍设施建设研究报告》中指出，目前我国无障碍环境建设尚未形成专业化的监督和检察机构，这对有效和深入地开展无障碍环境建设工作产生影响。

四、社会意识和通用设计理念

（一）社会无障碍意识

首先，我国社会关于无障碍环境基本认知较为薄弱。社会普通公众尚未在无障碍环境上形成较为深刻和统一的认识。对无障碍环境的普通概念、作用和重要性缺乏基本了解。例如，对缘石坡道、盲道、无障碍标志等如何使用不明确，无障碍环境建设只为残疾人服务等。其次，对无障碍环境建设的重要性认知不足。在社会普通公众中，仍存在无障碍环境建设只为少数人（残疾人）服务，无障碍环境建设不具有成本效益等。最后，关于无障碍环境的教育意识滞后。目前在与无障碍环境休戚相关的建筑专业教育中，很少开设与无障碍环境设计和教学的相关课程。而对无障碍的认知则影响到无障碍设计和管理主体在无障碍环境建设过程中的构思方向和管理方向，这对无障碍环境建设和发展产生重要影响。

美国为促进社会无障碍意识的提高，在教育、科研和财政方面出台多种措施。例如，美国是世界上最早开设无障碍相关研究生课程的国家之一，其部分中小学学校教材中也涉及"平等参与社会"的内容，同时，相关高校、学院和研究机构可以向政府申请专项经费。此外，美国为了促进公民参与无障碍建设和改造的热情，联邦政府推出了税收优惠政策和财政补贴。美国政府还通过经费直接补充的形式对残障群体提供无障碍相关的服务和设备，鼓励残障人士全体参与社会生活。

（二）从无障碍设计到通用设计

无障碍设计的缘起是基于社会对残障人士的关注，设计初衷是满足残障群体的基本物理环境需求，这就需要超脱基于非残障群体进行环境设计的思维。然而，随着社会的发展，具有特殊需求人士的构成发生了变化，社会对残障人权的深入认识及科技的进步，无障碍设计自身的局限性逐渐暴露，无障碍设计的方法和原则都发生了变化，即从无障碍设计理念逐步发展到通用设计理念：无障碍设计为特殊需求人士创造了容易接近和独立生活的环境。考虑的是如何解决残障人士的问题却造成了与社会中其他人的冲突，其局限性和缺点主要表现在以下方面：（1）残疾人专用的无障碍设施将他们与"正常人"分离开来；（2）在一些场所还妨碍了其他人对设施的使用；（3）缺乏市场价值；（4）适用对象太少，经济回报率低；（5）缺乏美学考虑等。

通用设计可以很大程度上解决这些问题。

通用设计理念最早于20世纪80年代由美国北卡罗来纳州立大学Ronald教授提出，指的是在设计所有产品和建筑环境时，不论使用者年龄、能力和生活地位如何，都能够具备美感和可用性。

通用设计理念兼顾设计环境的无障碍性、实用性和美学需求，可以同时满足残障人士和非残障人士的需求。它并不是推翻原有的无障碍设计标准，而是针对现有的无障碍设计出现的问题提出解决方法，是对无障碍设计的继续和延伸。

Ronald在通用设计中提出的通用设计七原则：（1）使用平等性；（2）使用灵活性；（3）使用简单性；（4）信息感知性；（5）容错设计；（6）省力设计；（7）合适有效的使用尺寸和使用空间。七原则流行全球，成为全球各国通用设计研究和实践领域的指导原则。

通用设计理念以更加开放的格局和认知来看待当前设计，同时聚焦于人生全生命周期的各阶段，并在各阶段中强调"以人为本"，将一个人全生命周期中可能遭遇的伤残、功能退化等纳入到设计所要考虑因素当中，因此，基于通用设计理念的设计更加人性化、普遍化和集约化，为建立合适的生活环境提供多维思考。

五、无障碍环境建设研究评述

（一）无障碍环境研究关注度持续上升，但研究内容未能深入

约从2000年开始，关于无障碍研究的关注度持续上升。横跨社会学、法学、城乡规划学、建筑学和特殊教育学等。但主要以工科和社会学为主，如

阐述无障碍设计标准、无障碍设计机理、无障碍设施规划和无障碍法制研究等。具有多学科特征的无障碍环境研究和实践主要包括以下几个主题：一是无障碍设计标准和设计规范研究；二是无障碍法制研究；三是无障碍设施的利用与管理研究以及无障碍社会理念、意识和公众参与研究。

虽然无障碍环境研究呈现多学科、多主题研究势态，但相关研究在内容上仍呈现专科化及碎片化。无论是工科研究还是社会科学研究，都是基于相关主题的国内外现状描述或非实证研究的问题界定和策略建议，如中外无障碍环境法律梳理、描述和对比，中外无障碍设计标准对比和我国无障碍环境管理问题等。

（二）无障碍环境实践现状不容乐观，须关注其碎片化问题

我国无障碍环境建设起步较晚，虽经历了三十多年建设，但建设实践不容乐观。当前，我国无障碍环境实践关注的主题多为无障碍设计标准、无障碍设施规划和配置、无障碍环境法制建设等，但无障碍环境建设涉及多主体协作、多学科协调，是一个层级结构明显，要素逻辑清晰的系统工程。聚焦某一局部问题，都可能导致无障碍环境建设的低效率甚至无效率。无障碍环境建设需围绕当前建设过程中的碎片化问题，如建设流程脱节、只建设，不维护、缺乏基于使用者反馈的对建成无障碍设施的优化等。聚焦无障碍环境的"生命周期"，逐渐从关注碎片化问题到解决碎片化问题。

（三）从管理学视角，系统整合无障碍建设要素，实现其应有价值

当前无障碍环境研究和实践，虽然标准、法制等领域需要进一步深入挖掘，以更好地促进我国无障碍环境建设，但更要关注到无障碍环境建设的系统性。而当前关于无障碍环境建设的研究当中，管理学视角较少，现存的以管理学视角开展的研究也大都为描述性研究，并无实证。作为一项系统工程，须从管理学角度来把握，基于现状，多元途径收集证据，厘清无障碍环境建设过程中的要素、环节和周期，为我国无障碍环境发展提供启示，以更好地促进无障碍环境发挥其价值，提高功能障碍者的生命质量，促进健康中国 2030 年实现。

第三章
无障碍环境建设发展策略研究思路

第一节　研究理论基础

一、系统论

系统是指由若干相互联系、相互作用的部分(要素)组成，在一定环境中以特定功能为目标的有机整体。任何事物都可以看作是一个系统。系统必须具备三个条件：（1）系统必须由两个以上的要素组成，要素是构成系统的最基本单位；（2）要素与要素之间存在着一定的有机联系，从而在系统的内部和外部形成一定的结构或秩序，系统整体与要素、要素与要素、整体与环境之间，存在着相互作用和相互联系的机制；（3）任何系统都有特定的功能，这种新功能是由系统内部的有机联系和结构所决定的。

二、通用设计理念

通用设计理念最早于20世纪80年代由美国北卡罗来纳州立大学Ronald教授提出，指在设计所有产品和建筑环境时，不论使用者年龄、能力和生活地位如何，都能够具备美感和可用性。

通用设计理念强调建筑、环境和产品设计应该适宜于所有社会成员，即，在设计实践中，设计对象应综合考虑所有人具有的差异性人体和认知功能，以保证设计出的环境和产品能够具有多种接近和使用方式，从而保证让社会上所有成员都有机会使用。可以说，"通用设计理念"是对"无障碍理念"的一种延伸。

三、多中心治理理论

多中心治理强调政府要逐渐转变所扮演的角色和监管方式，更是强调其他主体共同参与的必要性，强调参与方式的多元化。在多中心治理的过程中，仅依靠一方是根本无法运作的，需要多公共参与、合作互动。在公共治理的过程中政府是一个极其重要主体，积极发挥自身作用，还需要促使公民充分发挥其积极作用。

第二节 研究资料来源

一、学术文献

在国内主流学术文献数据库或搜索引擎进行系统检索，索取目标文献。选取"无障碍、通用设计、现状、问题、挑战、建议、不足、策略"等作为关键词，并运用布尔逻辑符号进行有机组合，形成针对不同目的的检索策略。学术文献资料主要用于无障碍环境建设理论框架构建和全国及上海无障碍环境建设实践现状分析。最终，针对不同的研究目的，经过排除纳入标准后，共筛选出253篇文献。

二、二手资料

二手资料包括二手文本资料和二手数据资料。二手文本资料的收集主要是通过在国务院官方网站、北大法宝网站、中国残疾人联合会官方网站、上海市残疾人联合会官方网站系统检索政策文本。检索关键词包括：无障碍、通用设计、老年人和功能障碍者等。此外还在残疾人家园论坛（http://bbs.cjrj.org/）、残疾人百度贴吧等相关网络论坛进行系统检索。二手数据资料的收集主要是通过在中国残疾人统计年鉴和中国残疾人联合会官方网站数据中心检索相关二手数据。二手资料主要用于我国无障碍环境建设实践现状描述、问题界定和规范差距分析。最终，获取到2002—2018年共计17年的有关无障碍环境建设实践的二手资料，经过纳入排除后，共筛选出27条政策文本和3093条文本。

三、现场调查

为了从实际角度了解当前上海市部分公共环境无障碍设施和障碍程度现状，开展上海市部分公共环境障碍程度现场调查。

世界卫生组织在《世界残疾报告》中指出，提高公共交通设施的无障碍水平、加强人行道和道路的无障碍建设是确保功能障碍者的"旅行链"畅通的关键环节。因此，根据科学性、可及性和可操作性原则，基于《无障碍设计规范》（GB50763-2012）中无障碍环境建设维度和WHO的"旅行链"概念原则，并且考虑到功能障碍者最经常涉及的公共场合和设施，最终确定上海市公共环境障碍程度调查对象为：城市道路（人行道、公交车站）、地铁站、标准化菜市场和图书馆。

（一）调查对象选取

1. 城市道路（人行道）

（1）选取原则

选择城市主干路、支干路和支路的人行道以及路面设立的公交站点，作为调查对象。

（2）选取过程

由于数据限制，本研究的调查者首先从百度文库获得上海市交通道路名单，后在百度地图中验证其准确性。最终共计获取到上海市的3342条道路，分布在16个区中。按照道路总数量的1%确定本研究的总样本量：3342×1%=33.42=34（条）。并按照中心区、近郊区和远郊区的划分标准，分别抽取相应数量的道路（人行道）进行现场调查，每个区抽取的道路数量见表3-2-1。

表3-2-1 各区域道路抽样情况

区域	每个区道路数量（条）	抽取数量（条）
中心区	1116	1116/3342*34=11
近郊区	1468	1648/3342*34=17
远郊区	758	758/3342*34=8
总计	3342	34

2. 公交车站的选取

本研究中公交车站的确定，主要依靠城市道路（人行道）的选取，即以被选取城市道路（人行道）路面设立的公交车站作为调查对象。

3. 地铁站的选取

（1）确定地铁站

从上海地铁官方网站（http://www.shmetro.com/）获取上海地铁1—13、16、17号线和浦江线所有地铁站名称。考虑到存在多条线路同时经过一个站点的情况，查重后，共计获得345个上海地铁站名称。

（2）采用分层随机抽样方案

a. 首先计算每一个地铁站共计可通行多少条线路，即共计有多少条线路经停该地铁站。例如，有44个地铁站能通行2条线路，有15个地铁站能通行3条线路。

b. 分别计算能够通行1条线路、2条线路、3条线路和4条线路的车站数量占总车站数量的比例。例如，能够通行2条线路的车站数量为44个，总车站数量为345个，则比例为44/345=0.1275。

c. 确定研究对象抽取数量。本研究共计确定345个上海地铁站，在计算调查对象抽取数量时，考虑到可及性和可行性，以地铁站总数的10%作为本研究的样本量，即$345 \times 0.1=34.5 \approx 35$（座）。以b中计算的比例作为抽取系数，在换乘1条线路、2条线路、3条线路和4条线路层次，分别抽取29座、4座、1座和1座地铁站。

4. 标准化菜市场的选取

从上海市商务委员会获取上海市标准化菜市场名称，按照标准化菜市场总数的10%抽取样本，最终共计抽取15个菜市场作为调查对象。

最终共计获取上海市范围内33座地铁站、46条人行道、22个公交站以及15个标准化菜市场的实地调查资料。

（二）上海市部分公共环境无障碍调查工具的制定

调查工具主要根据2012年我国住建部发布的《无障碍设计规范》（GB50763-2012）中相关条目制定。针对不同公共环境，制定不同的结构化调查问卷，对上海市公共场所和公共交通等特定地点无障碍设施和无障碍程度进行定量调查。

第三节　研究分析方法

一、文献内容分析法

文献内容分析法，又称"主题分析法"，主要是通过对文献资料（期刊、硕博士论文、专著等）收集、鉴别、整理和分析，形成对事实科学认识的方法。通过提取文献资料基本情况及文献内容相关字段进行评阅摘录，建立文献评阅库。对相关的内容进行梳理和分析。

通过运用文献内容分析法，对无障碍环境建设相关政策文件、文献资料进行分析，了解无障碍环境建设及服务现状，明确无障碍环境建设领域内存在的问题。

二、逻辑分析法

逻辑分析法包括归纳法和演绎法。归纳法是一种由个别到一般的方法，通过对多数个别例子，梳理出它们所共有的特性，从而得出一般性结论。演绎法是从一般性的前提出发，通过推导即"演绎"，得出具体陈述或个别结论的过程。

在对无障碍环境建设问题进行界定和影响因素分析、无障碍环境建设发展策略构建的过程中，运用逻辑推演，明确问题的具体内涵及其相关影响因素、凝练相关措施和策略。

三、规范差距分析法

规范差距分析法主要来源于政策学中的规范分析思路，通过寻找和归纳出"现实情况"和"理想情况"之间的差距，来描绘现状、找出问题，从而为制定相关措施和策略奠定基础。在本研究中，规范差距主要用于寻找上海市无障碍环境建设现状与"理论状态"之间的差距。

四、诊断树分析法

诊断树是一种"追踪溯源"的方法,针对特定问题,通过不断探究为什么,寻找其原因及原因的原因。通过此方法,界定关键问题影响因素。诊断树分析法主要用于寻找关键问题影响因素。

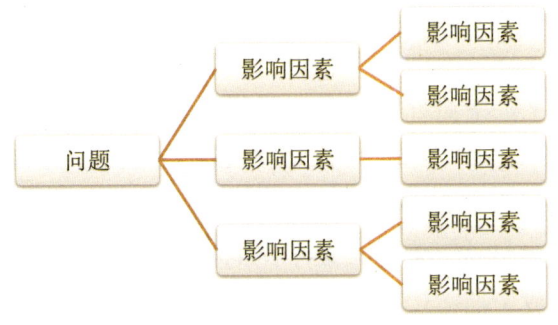

图 3-3-1 诊断树法示意图

五、统计分析法

(一)建立数据库

对于二手数据,采用微软 Excel 2016 电子表格建立数据库。对于现场调查,采用问卷星搜集数据,并导出到 Excel 2016 进一步整理。

(二)贝叶斯统计推断

对于现场获得的上海市公共环境无障碍程度数据,通过计算百分比(95% 置信区间,简称"95CI")来描述样本分类变量;采用 Bootstrap 重抽样方法,计算 95CI。

考虑到获得的现场数据是小样本,为了增加推断效度,采用贝叶斯推断(Bayesian inference)对调查的各类型公共环境无障碍分数进行统计推断。贝叶斯推断可将手头获得的数据和专家经验相结合,增加推断效度。通过专家咨询获取参数的先验信息,采用 95% 不确定性区间(简称"95UI")来表示推断参数的不确定性。具体如下:

对上海市地铁站和人行道的无障碍分数进行推断。假设上海市上述各类环境/设施的无障碍分数服从正态分布,因此,对于每一个被调查环境/设施(点)的无障碍分数 W_i,

$W_i \sim \text{Normal}(\mu, \sigma)$ # 服从均数为 μ，标准差为 σ 的正态分布

对于参数 μ 和 σ，本研究假设，

$\mu \sim \text{Normal}(mu, \tau)$ # 随机变量，服从均数为 mu，标准差为 τ 的正态分布

$\sigma \sim U(0, 100)$，U 均匀分布 # 方差先验，设置无信息先验，服从 0—100 的均匀分布，具体计算中，以 $1/\sigma^2$ 作为精度（$precision$）——方差倒数作为代替

对于 mu 和 τ，本研究利用专家咨询获取其分布（值）。具体来说，各位专家给出 mu，以地铁站为例，其均值（72.25）作为 mu 输入，标准差（15.80）作为 τ 输入，mu~Normal（72.25，15.80），这意味着，mu 最有可能落在（56.45，88.50）。基于马可夫蒙特卡洛抽样器（sampler）从后验分布（似然函数和先验合成）抽样，初始抽样阶段，丢弃 5 万个抽取的样本，使得抽样器抽样行为能够适应后验分布。然后，从后验分布抽取 10 万个关于 μ 的后验样本，10 万样本的均数及第 2.5 和第 97.5 百分位数作为推断的总体均数及其不确定性区间（UI）。设置 4 条马可夫链（样本），最后合并 4 条马可夫链进行参数推断。使用 R（版本 3.5）进行上述分析。

将所有问卷得分进行正向化，并且百分化，使得最终推断均分在 0—100 区间内，分数越高代表无障碍程度越高。

（三）趋势分析

采用连接点回归（Joinpoint regression）对获得的具有时间序列特征的无障碍环境建设相关指标进行趋势分析。连接点回归能够把因变量—自变量（时间）关系分割为不同区间，并在特定点进行连接，分别拟合不同区间的截距和斜率，从而刻画结局与自变量（时间）之间可能存在的非线性（突然变化）的关系。借助拟合的斜率，计算年度变化百分比（annual percent change，以下简称"APC"）和平均年度变化百分比（average annual percent change，以下简称"AAPC"），从而刻画时间趋势。具体拟合和设置过程如下：

连接点回归可用来探索时间序列数据的变化趋势，例如检验癌症发病率和死亡率随时间的变化趋势。假设观察值 $\{(x_1, y_1), \ldots, (x_n, y_n)\}$，其中 $x_1 \leq x_2 \leq x_n$，回归模型拟合分段模型来检验趋势，它假定每段内的 y 期望与时间是线性关系，设定如下：

$$E[y|x] = \beta_0 + \beta_1 * x + \delta_1 * (x - \tau_1)^+ + \cdots + \delta_k * (x - \tau_k)^+$$

其中，y 为研究结局，在本研究中为无障碍建设检查次数、无障碍培训次数、具有无障碍联席会议制度行政区数、无障碍设施建设管理规定数量、系统开展无障碍环境建设行政区数和无障碍建设综合分数；x 是时间点变量，本研究中，全国时间点为 2002 年至 2018 年，β_1 是其系数；τ_k 是预先设置的最大 Joinpoint 数量；如果 $x > \tau_k$，$(x - \tau_1)^+ = x - \tau_1$，否则为 0；$\delta_k = \beta_{k+1} - \beta_k$；

为了量化趋势，本研究计算年度变化百分比（annual percent change，APC）和平均年度变化百分比（average annual percent change，AAPC），计算公式如下：

APC 计算某个指标在特定时间段中每一年以固定变化率的变化趋势。假设拟合的对数线性分段模型如下：

$\log(C_x) = \beta_0 + \beta_1 * x$，其中 C_X 是某个无障碍指标在 x 年的值，$\log(C_x)$ 是其对数转换形式，从 x 年到 x+1 年的 APC 为 $[(C_{x+1} - C_x)/C_x] * 100 = ((e^{\beta_0 + \beta_1 *(x+1)} - e^{\beta_0 + \beta_1 *(x)})/e^{\beta_0 + \beta_1 *(x)}) * 100$，最终为：$(e^{\beta_1} - 1) * 100$。

AAPC 计算某个测量在特定时间段中加权平均变化趋势，是一个能够描述某个测量在特定时间段不同年份变化趋势综合指标，计算公式如下：

$AAPC = \{\exp(\sum w_i b_i)/(\sum w_i) - 1\} * 100$，其中，$w_i$ 是预先设定时间段包含的年份，b_i 是年份对应的系数。

对每一个模型，首先检验模型是否服从线性回归的残差同方差假设和残差自相关情况，如果出现异方差，则在 Joinpoint 回归模型中使用加权最小二乘法估计，权重为普通最小二乘拟合的模型残差，使用时间变量对模型残差回归，拟合模型，模型拟合值为方差，权重为方差 ^2 的倒数。如果出现自相关，则在模型中加入自相关项（AR（1））。使用 Joinpoint Regression Program（版本 4.7.0.0）和 R（版本 3.5）进行上述分析。

（四）政策效应评估

采用单组中断时间序列分析（single interrupted time series，以下简称"ITS"）评估 2012 年发布的《无障碍环境建设条例》对无障碍环境建设活动是否具有影响，及影响如何。具体模型设置和拟合如下：

Outcome = $\alpha + \beta_1 * time + \beta_2 * intervention\_phase + \beta_3 * time * intervention\_phase + \varepsilon$

其中，outcome 是测量结果，在本研究中为无障碍建设检查次数、无障碍培训次数、具有无障碍联席会议制度行政区数、无障碍设施建设管理规定数量、系统开展无障碍环境建设行政区数和无障碍建设综合分数；α 为模型截距，代表测量结果初始水平；time 是时间变量，从政策干预前期和后期全部时间点，本研究中共计纳入 17 年数据，即 17 个测量点，β_1 是其系数，代表政策实施前的测量结果变化程度；intervention_phase 是二分类变量，代表政策干预前期和后期，β_2 是其系数，代表政策实施后，测量结果的短期改变程度；time*intervention_phase 是时间变量和政策干预期变量交互项，β_3 是其系数，代表政策干预前期和干预后期的测量结果变化差距；ε 是误差项。

使用 Durbin-Watson test 检验模型残差自相关性，如果存在自相关，使用 ACF 图判滞后阶数；使用图示法检验模型残差同方差假定，如果模型残差随着模型拟合值随机分布，则认为符合同方差假定，如果出现一定分布模式，则认为不符合同方差假定。此外，利用 Breusch-Pagan test 从统计学层面检验同方差假定。如果存在自相关和违反残差同方差假定，则使 Newey-West standard error estimator 估计模型标准误和 95% 置信区间，否则使用 Ordinary least squares estimator 估计参数。使用 R（版本 3.5）进行上述分析。

（五）文本挖掘

通过对论坛无障碍环境相关发帖文本进行文本挖掘（词频分析和主题建模），来发现当前需方（使用者）和社会公众对无障碍环境建设的态度和意见，用于分析需方对无障碍环境建设的观点，并进一步用于问题界定。

六、质量控制

（一）组织保障

现场调研人员由中国残联复旦大学无障碍环境研究基地研究生担任。在正式开始调查前，调研人员接受问卷培训，并选择 1—2 个考察点预先考察，确保调研人员熟悉问卷结构和内容，以及现场考察程序。

（二）过程控制

首先，所有问卷均通过问卷星电子问卷平台发放和回收，由于本研究调查对象较少，可较快较准确地收集信息。在问卷星收集数据过程中，定时监控收集数据分布和极端值，并与负责该考察点的调研人员反馈，及时修正。

第四章
无障碍环境建设理论框架构建

第一节　无障碍环境相关概念内涵

当今世界，无障碍环境对于我们每个人以及社会都具有不可忽视的价值。它在提高失能半失能老年人、残障人群的生命质量和社会参与方面发挥重要作用。在提升社会质量和增进社会融合方面扮演着重要角色。由于无障碍环境的建设是一项涉及多主体、多机制和多学科的系统工程，强调由"离散型"主体到多元主体共建无障碍环境。因此，这就意味着，在无障碍环境实践与无障碍环境发展中，关于无障碍环境相关概念内涵方面达成共识，是做好无障碍环境实践与发展的前置条件之一。

界定无障碍环境建设相关概念和内涵有助于我们更好地理解无障碍环境建设。通过对已有的无障碍相关概念内涵进行梳理分析，按照一定的范围与目标，提炼概括出以下无障碍相关概念。

一、无障碍及无障碍环境的定义及内涵

对于无障碍和无障碍环境，国内外的相关表述中并没有做刻意地区分。因此，在无障碍环境建设方面语境下，将无障碍和无障碍环境等同。

（一）国际组织对无障碍环境的定义

1969年，联合国社会发展宣言为功能障碍者群体消灭障碍进行了探讨；1972年，联合国举办的"人类环境"会议和1973年举办的世界卫生组织残疾人理事会会议也强调要为功能障碍者群体消除障碍。此后，有关为功能障碍者群体消除环境障碍的会议探讨了一系列措施。2006年，联合国通过的《残疾人权利公约》，无障碍成为八项准则之一。自此，"无障碍"一词和概念开始被广泛使用。

1993年，联合国《残疾人机会均等标准规则》首次提出"无障碍环境"概念，确认无障碍在社会各个领域机会均等过程中的全面重要性。该文件从

两个视角提出无障碍环境建设目标:(1)全球各国积极制定并实施相关措施和方案,达到物质环境无障碍目标;(2)采取行动,实现信息和文化交流无障碍。

1997年,联合国文件进一步指出,无障碍环境应该是可以自由地进入、接近、利用、联系某种场合或情况。因此,无障碍环境面对人群不仅包括功能障碍群体,还应包括孕产妇、老年人、儿童、暂时处于疾病状态人群等各类人群。

2012年,在《世界残疾报告》中,无障碍指的是一种接触、理解和接近某物或某人的能力。在无障碍法律标准中,无障碍指的是法律所要求遵守的内容。Ling Song认为无障碍是通过对环境施加改造来为人们提供在感觉、到达、接近和使用环境设施方面的便利,以此完成行动和达到目标。无障碍包括三层含义:可察觉性、可达性和可操作性。2014年,Shawn Lawton Henry在其研究中认为无障碍指的是能够使残疾人与建筑、产品和服务等交互的设计类型。

(二)国内外研究者对无障碍环境内涵的观点和见解

对于无障碍的概念及内涵,也收集到很多国内外学者的观点和见解。

国内学者周萍英,她认为无障碍指的是一种环境或制度的属性,也就是所有跟人类生活相关的公共设施、使用设备、空间环境等都应能够为具有一定伤残缺陷者和活动能力衰退的人提供服务,为人类营造安全舒适的生活环境;马臣则将无障碍环境定义为保障残疾人、老年人等行动不便者以及其他社会成员在居住、出行、工作、休闲娱乐时,能够自主、安全、方便地通行、使用设施和获得信息、服务而提供的各项条件;吴文博认为,无障碍环境指的是萦绕在公众周围,让所有人都可以自由、平等、安全地和没有任何阻碍地利用客观事物的综合;潘沁指出无障碍环境包括物质环境、信息环境和交流环境无障碍。

国际上,Bednar认为无障碍环境是指为保障有永久性功能障碍和暂时性功能障碍群体的社会成员在出行、工作等社会活动中,能够安全、自主、方便地通行、使用设施和获取信息、服务而提供的各项条件;Pam指出无障碍环境指的是一种能够使得功能障碍者群体能够独立活动的环境。

通过对上述概念的汇总,按照"定义针对的对象—定义针对的目的—定义针对的属性"思路，进一步对上述概念进行分解和梳理，提炼出无障碍环境建设中无障碍环境的概念。

在深入的分析思考基础上，认为无障碍环境指的是为包括残疾人、老年人在内的所有社会成员在社会中能够独立、平安地活动而提供的所有事物。

二、无障碍环境建设概念

关于无障碍环境建设的相关概念较少。2012年颁布的《无障碍环境建设条例》指出，无障碍环境建设是为便于残疾人等社会成员自主安全地通行道路、出入相关建筑物、搭乘公共交通工具、交流信息、获得社区服务所进行的建设活动。周文麟认为无障碍环境建设旨在运用先进的科学技术，为残疾人、老年人等行动不便的人群创造一个居住方便、出行方便、行动方便的社会环境。更多定义见表4-1-1。

表4-1-1 无障碍环境建设概念一览

研究者	描述	来源
《无障碍环境建设条例》	为便于残疾人等社会成员自主安全地通行道路、出入相关建筑物、搭乘公共交通工具、交流信息、获得社区服务所进行的建设活动	国内
陆和建	1.基础设施无障碍的内涵包括交通配置、公共设施配置、住宅及周边配套设施的设计和建设等。各方面都必须考虑到是否利于残疾人日常的出行和正常的生活；2.指示标志无障碍涉及的内容为公共媒介传达的信息可以为残疾人正常的获取，并对其产生反应；3.沟通交流的无障碍主要涉及为残疾人日常交流沟通提供助力的方式或设计	国内
王博	能够保持残障人士及功能衰退人群正常通行而采取的一系列公共行为，包含设施硬件建设以及制度管理层面的建设等，可以统称为无障碍环境建设	国内
Kliment	为便于残疾人等社会成员自主安全地出入相关建筑物、通行道路、搭乘公共交通工具、获得社区服务、交流信息所进行的建设活动	国外
吴文博	狭义的无障碍环境建设，就是指包括物质环境无障碍建设、信息与交流无障碍建设在内的无障碍设施建设，广义上的无障碍环境建设，既包括了物质层面的无障碍环境建设、信息与交流无障碍环境建设，也包括了人文层面的无障碍环境建设。人文层面的无障碍环境建设是指营造一种消除社会歧视，实现人人平等，社会交流、交往、参与无障碍的社会氛围	国内
周文麟	无障碍环境建设旨在运用先进的科学技术，为残疾人、老年人等行动不便的人群创造一个居住方便、出行方便、行动方便的社会环境	国内

同样，按照"定义针对的对象—定义针对的目的—定义针对的属性"思路，对上述概念进行分解和梳理，提炼出无障碍环境建设的概念，见表4-1-2。

表 4-1-2　无障碍环境建设概念分解情况

对　象	目　的	属　性
残疾人等社会成员	自主安全地通行	建设活动
残疾人	日常的出行和正常的生活	设计或建设
残障人士及功能衰退人群	正常通行	公共行为
残疾人、老年人等行动不便的人群	居住方便、出行方便、行动方便	创造社会环境

将无障碍环境建设的概念界定为：无障碍环境建设是为包括残疾人、老年人等在内的所有社会成员在社会中能够独立、平安地活动提供而进行的建设和管理活动。

三、通用设计理念的认识

通用设计理念最早于 20 世纪 80 年代由美国北卡罗来纳州立大学 Ronald 教授提出。该理念强调在设计所有产品和建筑环境时，不论使用者年龄、能力和生活地位如何，都能够具备美感和可用性。

Shawn 认为通用设计是一种能够为拥有最广泛能力人设计和制造可以毫无障碍地使用的产品的过程，这种产品能够在尽可能多的情境中使用；Mace 认为通用设计是一种设计方法，使得产品和建筑特征能够最大程度被所有人使用；Lawton 认为通用设计是在环境方面，满足尽可能多的用户的最佳状态。

由于通用设计相关概念较为统一固定，因此，在对上述概念总结基础上，认为通用设计理念是考虑到所有人群的年龄、能力和生活地位的一种设计理念。运用此种设计理念的产品和设施能够最大限度地在所有环境中被使用。

第二节　无障碍环境建设理论框架构成要素

无障碍环境建设及建成无障碍环境管理是涉及多主体、多学科和多种机制的复杂系统工程。因此，在构建无障碍环境建设理论框架过程中，基于多元资料途径，系统搜集、提取和总结无障碍环境建设要素是非常必要的。

通过理论推导、文献分析和典型地区分析三个途径，分别提取基于通用设计理念的无障碍环境建设的一级要素和二级要素。

一、基于理论推导的无障碍环境建设要素

从理论视角来界定无障碍环境建设需要哪些要素，能够提供一种理想的要素集，也可为从其他资料途径提取的要素集提供参考。以系统论、多中心治理理论和通用设计理念为基础，通过借鉴研究团队课题组前期研制的理论框架要素界定思路和步骤，界定所需要的要素。

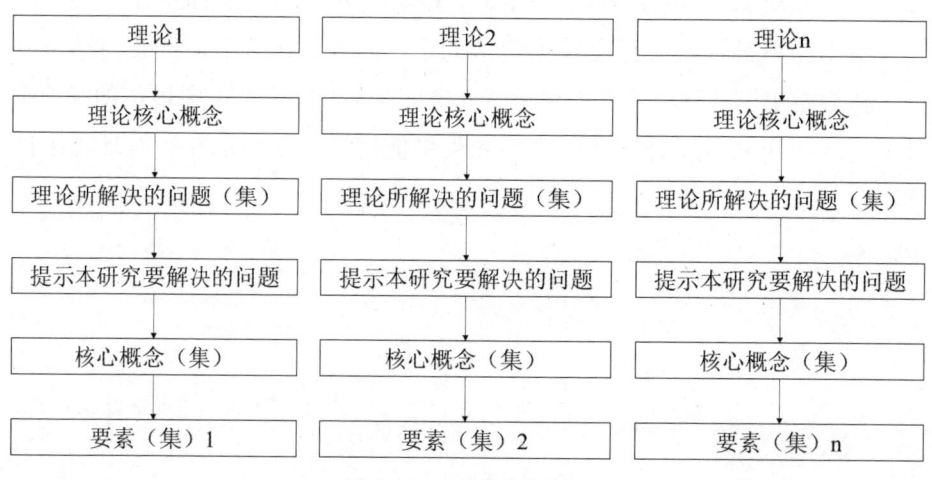

图 4-2-1　要素界定步骤

（一）系统论

系统论包括整体性原理、关联性原理和层次性原理等多个原理。

整体性原理强调系统组成要素是多个的，由可以辨别的结构组成。各要素之间，要素与整个系统之间具有相互影响、相互制约的复杂关系，从而形成一个有机整体。从整体角度来看，系统的功能不等于各组成要素功能之和，即整体不等于要素之和。

关联性原理强调组成系统各要素之间是相互影响、相互作用的。为保障系统的稳定性和整体性，系统中某一要素发生变化，与之相关的其他要素也会发生相应变化。

层次性原理认为系统是由两个或两个以上的组分构成，构成系统的各要素可以被看成一个亚系统，而当前所研究的系统，又可以和其他系统联合，成为更大层次系统的构成要素，共同形成更大层次的系统，最终形成"子系统—系统—总系统"层次结构。

目的性原理强调系统为最大可能实现自身功能和作用，在与环境相互作用过程中，尽可能减少外界带来的影响，防止系统崩溃，追求稳定有序的结构状态或预设的状态。

开放性原理强调系统与环境之间相互联系，相互作用。通过物质、能量、信息交换等双向交换，让环境中有利的部分进入到系统，保持系统的稳定性，更好地适应环境变化。

环境适应性原理认为系统一方面能够保持自身稳定性，另一方面能够根据外部环境的变化，调节自身结构和功能或形成新的结构和功能模式，以更好地适应环境。

动态性原理强调系统可以随着时间的变化而不断变化，变化过程是绝对的，稳定不变的过程是相对的。

稳定性原理是指系统有一定自我稳定的能力。在受到内部或外界环境范围干扰时，能够调节自身的不稳定，保持或恢复原有的结构和功能。

基于上述八个基本原理，系统论可以为回答以下问题提供启示：

（1）一项特定管理活动需要什么样的价值理念和系统观念？

（2）一项特定管理活动需要哪些要素？

（3）各要素之间如何排列、配合和发挥功能？

（4）要素和系统的运行需要什么样的其他要素和系统作为保障？

在无障碍环境建设这一主题中，系统论则为回答以下问题提供管理学视角的参考：要做好无障碍环境建设（Y），从管理的视角，至少需要哪些基本要素（$X_1, X_2 \cdots\cdots X_n$）。

对上述问题的回答，可以提取以下概念：明确的价值理念、清晰的管理主体、畅通的协作机制、基本的管理环节、明确的管理结果、辅助性支持系统。

从上述概念中，可以进一步归纳为以下一级要素："管理价值理念""管理体制和机制""管理环节""管理结果"和"外部支持系统"。

（二）多中心治理理论

多中心治理理论主要强调复合治理主体、治理方式的互动和合作、满足人群多样化需求的治理目标。

复合治理主体，即多元治理主体，包括政府、公民、社会组织、企业等。社会环境的多样性催生出具有不同利益的组织或个体，在社会发展的推动下，不同组织、个体不断相互交流、碰撞和融合，使得社会活动呈现出多中心特征。多元治理主体为回答以下问题提供答案：一项特定管理活动中，要去思考哪些主体是必不可少的。在无障碍环境建设中，多元治理论点则为回答以下问题提供参考：（1）无障碍环境建设和管理过程中，需要考虑哪些主体。

治理方式的互动和合作，即在提供公共物品和服务的过程中，每一个主体都可以供给公共物品，只是由于每一个主体的力量具有差异性，提供成本和消耗有所不同。因为各主体具有不同的需求，因此在公共物品的提供、使用、监督和维护过程中需要各个主体的合作。在回答"对于特定管理活动，多元主体间需要哪些机制"这个问题，治理方式的互动和合作论述则提供了一定参考，而对应到无障碍环境建设中，则为回答（2）"在无障碍环境建设和管理的整个流程中，各主体应该建立起什么样的机制"提供启示。

满足人群多样化需求的治理目标则认为评价政府部门的管理绩效除了要关注政府权力的效率，更要关注政府是否通过有效的公共物品供给来满足公众需求。该论述则提示我们，对于特定管理活动，是否考虑到了人群需求？

要考虑哪些人群的需求？而对应到无障碍环境建设中，则为（3）"无障碍环境建设和管理需要秉持一个什么样的价值理念"提供参考。

从上述问题中，可以看出，对于问题（1）的回答，涉及"多元主体"概念，则对应二级要素"多元联动主体"要素；对于问题（2）的回答，涉及"清晰的互动协作机制""畅通的沟通机制"概念，则对应二级要素"互动协作机制"和"沟通—表达—反馈—融入机制"；对于问题（3）的回答，涉及"围绕人群需求"概念，则对应二级要素"基于需求"。

（三）通用设计理念

通用设计理念主要关注两方面，一是强调全人群；二是多场景。

全人群指的是"一切为人类而创造"，即为人类所使用的建筑、环境、产品设计都应该无对象界定地适宜于所有人群，即在设计中应该综合考虑所有人所具有的各种不同的认知能力与体能特征。多场景指的是在设计建筑、产品、规划环境时，需设计具备多种应对方式的使用界面或场景，从而向社会提供任何人都能使用，且任何人都能以自己的方式来使用的优良设计。可以看出，通用设计理念认为环境和产品的使用应该不被使用条件和使用场景所限制。

由此可见，通用设计理念对于"无障碍环境建设需要基于什么样的视角和理念"这一问题提供答案，涉及"通用设计理念"概念，对应"基于通用设计理念"要素。

二、基于学术文献的无障碍环境建设要素

（一）文献搜集过程

在中国知网，以题名"无障碍环境建设"进行检索。时间限制为19800101-20190401，共计获得444条结果。通过查重和排除标准，共计纳入91条文献分析。围绕"无障碍环境需要什么价值理念""无障碍环境建设需要哪些环节""无障碍环境建设需要哪些主体参与和机制保障""无障碍环境建设需要哪些外部系统支持"和"无障碍环境建设需要达到一个什么样的结果"等问题，对91篇文献进行概念提取，见表4-2-1。

表 4-2-1 基于学术文献的要素提取情况

序号	概　念	文献提及比例
1	无障碍理念	13.27%
2	常态监督	9.73%
3	教育支持系统	8.85%
4	多元联动主体	7.96%
5	财政支持系统	6.19%
6	立法保障	5.31%
7	常态维护	5.31%
8	监督—反馈—确认—维护链机制	4.42%
9	基于需求	4.42%
10	需求评估	3.54%
11	标准制定	3.54%
12	责任追究机制	2.65%
13	验收	2.65%
14	协作互补机制	2.65%
15	社会参与	2.65%
16	权责明晰	2.65%
17	沟通—表达—融入—反馈链机制	2.65%
18	政策保障	1.77%
19	通用设计理念	1.77%
20	税收支持系统	1.77%
21	方案审批	1.77%
22	无障碍建设目标	0.88%
23	实用性提升	0.88%
24	社会质量提升	0.88%
25	社会参与决策机制	0.88%
26	法律保障	0.88%

（二）界定要素

对于"无障碍环境需要什么价值理念"问题的回答，提取了以下概念：无障碍理念、围绕人群需求和通用设计理念。上述概念则对应"基于通用设计理念"和"基于需求"两个要素，这两个要素归为"管理价值理念"一级要素。

对于"无障碍环境建设需要哪些主体参与和机制保障"问题的回答，提取了以下概念：多元主体、监督—维护链、责任追究、协作互补、社会参与和沟通表达。上述概念则可归纳为"多元联动主体""监督—反馈—确认—维护链机制""协作互补机制""责任追究机制"4个要素，可以归为"管理主体和机制"一级要素。

对于"无障碍环境建设需要哪些环节"问题的回答，则提取了以下概念：常态监督、常态维护、需求评估、制定标准、建成验收、方案审批。上述概念则可以归纳为"标准制定""需求评估""方案审批""体验验收""常态监督"和"常态维护"这6个要素，可归为"管理环节"一级要素。

围绕"无障碍环境建设需要哪些外部系统支持"问题的回答，提取了以下概念：教育参与、财政保障、政策保障、立法保障、税收保障。上述概念则可归纳为"教育支持系统""财税支持系统"和"政策保障系统"3个要素，可归为"外部支持系统"一级要素。

对于"无障碍环境建设需要达到一个什么样的结果"问题的回答，提取了以下概念：实用性增加、社会文明促进、人群需求满足。上述概念则可以归纳为"提升实用性""满足人群需求"和"提升社会质量"3个要素，可归为"管理结果"一级要素。

三、基于典型地区的无障碍环境建设要素

基于理论推导和学术文献的无障碍环境建设要素为我们提供了理想的概念要素集，而对于无障碍环境建设，需要有实践经验作为参考标杆。通过对典型地区在无障碍环境建设过程中的做法和经验进行分析，既能够去验证通过上述两个渠道提取的要素是否具有普遍性和经验性，也能补充新的概念和要素，能够从更实际的角度审视无障碍环境建设。

美国、日本和英国作为美洲、亚洲和欧洲在无障碍环境建设理念、管理

和经验都较为成熟的国家,能够为"无障碍环境建设需要什么样的要素"这一问题提供回答。本部分要素界定思路依旧从围绕上述问题,从问题搜寻相关概念,从概念归纳要素。

(一)无障碍环境建设需要什么价值理念

1. 日本经验

早期日本无障碍环境建设多聚焦残疾人,视角较为狭窄。直到20世纪90年代后期,日本无障碍环境建设理念逐渐由仅仅关注残疾人群体的无障碍设计理念逐渐过渡到聚焦全人群的通用设计理念,即在无障碍环境设计和建设过程中,考虑和包容具有不同类型、不同程度的功能损伤或功能障碍群体、非功能障碍群体、老年人群体,使得他们能够不被约束地使用各种设施和产品。日本已将通用设计理念应用于常规无障碍环境设计实践,成为一种战略设计思想。

此外,除了加强无障碍环境的硬件建设,日本还通过教育手段着重强调无障碍环境建设的公共意识。成熟的公共意识和完善的设计规定约束为日本无障碍环境建设中通用设计意识的应用打下坚实的基础。而通用设计理念的应用极大地推动了日本无障碍环境建设。

2. 美国经验

"通用设计理念"诞生于美国,由美国北卡罗来纳州立大学通用设计中心Ronald提出,距今已经超30年(1987)。层次清晰的政策保障、明确的设计理念制度化和丰富的实践不断促进美国通用设计理念走向成熟。首先,政策保障方面,美国推出一系列法案,如《康复法案》《公平住房法》和《美国残障人法案》等,不断推动通用设计理念在无障碍环境建设过程中的应用与普及;其次,多家企业主体在其产品设计和生产过程中将通用设计理念融入其中,通过产品,向产品使用者传递通用设计理念的重要性。此外,通过搭建融合教育界、业界和用户的交流平台,能够及时将三方关于通用设计理念相关意见和建议进行沟通和融合,不断改进通用设计理念的应用;最后,通用设计理念的嬗变是一场社会运动,通过学术界、业界和用户的不断互动,形成社会网络,逐渐促成了通用设计理念价值的合理性和合法性。当前,通用设计理念成为美国日常生活不可分割的一部分,公众无须担心因为自身的永久性或暂时性障碍而无法畅通地生活。

由美国和日本两国的无障碍建设的价值理念经验来看，从单独聚焦残疾人的建设服务对象到扩展到围绕全人群的建设服务对象成为两国无障碍环境建设的主流理念，即基于通用设计理念的无障碍环境建设应成为借鉴对象。

3. 英国经验

英国公共建筑无障碍建设需求通常由残疾人群体或代表组织表达。在获得残疾群体的需求表达后，英国国会和无障碍环境推动委员会关注，并将意见转达给公共部门落实。

此外，虽然没有明确规定，但1986年，英国地方政府相关法令要求地方议会允许公民参与议会委员会制定无障碍相关报告的过程，说明政府开始关注特殊人群需求。

英国经验可以提示我们，无障碍环境建设应紧密围绕人群需求，从建设过程的逻辑起点开始将人群需求融入其中。基于需求的无障碍环境建设应成为被接纳的建设理念。

通过对日、美、英三国无障碍环境建设所秉持的价值理念分析，回答了"典型地区无障碍环境建设秉持的价值理念是什么"，进一步回答了本研究问题"无障碍环境建设需要什么价值理念"，可以提取出"通用设计理念"和"围绕人群需求"两个概念，可进一步归纳为两个二级要素"基于通用设计理念"和"基于需求"。

（二）无障碍环境建设需要的管理和建设环节与主体和保障机制

1. 美国经验

美国无障碍环境建设的管理和建设环节包括无障碍设计标准开发、建设方案审批、建成设施验收和监督维护。

（1）设计标准开发

美国无障碍相关设计标准开发主要由1973年成立的美国无障碍委员会负责。美国无障碍委员会是一个通过制定无障碍设计标准和开发无障碍指南来促进残疾人平权的独立的联邦机构。美国无障碍委员会制定和维护的无障碍设计标准主要涵盖以下对象：建成环境、交通和车辆、电信设备、医疗诊断设备和信息技术。此外，委员会还提供相关标准的技术支持和培训，以及确保无障碍规范和标准应用到联邦资助的设施中。美国无障碍委员会作为联邦机构之间的协调者，代表公众，特别是残疾人的利益。委员会12名成员来自大部分联邦国家部门,其他13名成员是有总统任命的公众,大部分具有残疾。

（2）建设方案审批

无障碍建设方案审批主要由美国州政府和美国劳动部负责。美国州政府建筑审批部门只有权力根据州和当地标准审批建筑计划书。美国司法部规定,州政府没有权力代表联邦政府要求建筑计划书必须符合《美国残疾人法案》（ADA）中关于无障碍的要求。而联邦政府部门,也没有关于建筑工程计划书是否符合ADA的审批部门；美国劳工部负责审批和监管特定商业建设工程是否符合统一建筑规范（Uniform Construction Code,UCC）中关于无障碍的要求。UCC中关于无障碍的要求仅限于市政建造并且执行UCC规范的项目。

（3）建成设施验收

符合ADA标准的设施可能还需要遵从州或地方法律有关无障碍的要求。美国有数以千计的司法管辖区实施不同的建筑规范,其中一些规范涵盖无障碍内容。尽管许多州级建筑规范是基于国家规范的,但不同州之间的规范具有很大的差异性。如果基于州或地方建造规范的建筑和设计,只有地方建造规范能够提供与ADA相同或者超越ADA的无障碍标准,可以认为建筑和设计符合ADA标准。对于州级标准的强制执行,是州或地方政府的责任,通常通过建造计划审批或者建成建筑评估验收来实现。

（4）监督与维护

对于联邦资助的设施,主要由美国无障碍委员会负责监督。其监督渠道丰富,公众可通过电子邮件、写信、传真和网站等渠道来反映问题设施。收到投诉后,美国无障碍委员会则进一步审核被投诉设施的无障碍规范性,对于违反无障碍设计规范的设施,责成责任主体进行改进；对于非联邦资助设施,则由不同管辖区的主管部门负责监督。例如,对于航空交通领域的问题无障碍设施,在航空可及法案框架下（Air Carrier Access Act）,公众可以通过电话、邮件和美国交通部网站向美国交通部航空消费者保护处（Aviation Consumer Protection Division）投诉。对于州和当地建筑和设施,包括公众环境中的设施和商业设施,在美国残疾人法案（Americans with Disabilities Act,ADA）框架下,可以向美国司法部残疾人权利部门取得联系。对于信息和通信技术无障碍,公众则可以向美国无障碍委员会和美国总务管理局（General Services Administration）投诉。在其他方面,比如投票选举,公众也可就无障碍进行反映。

2. 日本经验

（1）设计标准开发

日本无障碍设计法规和标准体系呈现"二元体系"特征，即由国家级和地方级别规范标准构成。其中，国家级别规范标准由日本国土交通省制定，地方各级政府依照国家级规范因地制宜颁布更加详尽的地方规范。日本制定无障碍设计法规的一个重要特点是公众参与，即在立法和制定标准规范的过程中，大量非功能障碍居民、残疾群体、老年群体及其代表组织会参与其中，表达其需求。

（2）建设方案审批

日本国土交通省颁布的《交通与建筑无障碍法规》规定，日本各级政府（都、道、府、町、村）都必须常设无障碍规范执行监督工作人员，负责设施建设方案的审核、指导修改方案中有关无障碍设计内容。方案一旦通过，则要在相关部门备案。

（3）建成设施验收

各级政府的监督工作人员在项目或者工程开始到完成阶段，全程对项目进展或施工状况进行随访、监督、反馈，以保障在项目过程中将无障碍设计规范融入其中。如果项目方未能遵守相关设计规范，监督工作人员则进行劝告，严重违反者，进行公示。项目结束后，地方建筑行政厅会委派专门考核机构对项目设施的无障碍程度进行考核验收，如果被考核的项目设施通过验收，则可以申请无障碍登记证书。

3. 英国经验

（1）设计标准开发

英国首部无障碍设计技术规范由英国标准化学会在1967年出版。最新修订版于2009年发布，增添了多种公共建筑无障碍设计标准的规定。1970年英国颁布《慢性病人和残疾人法案》，规定了英国经营性公共建筑和大学等教育类建筑的无障碍通行，在1976年的修订版中将无障碍通行扩大到工作场所。此外，在2004年，英国建设部也发布相关标准规范——《建筑规范——M部分的技术指南》，其特点为从仅针对肢体残疾人到将听力和视力残疾人纳入规定的作用对象中。此外，不仅对新建设施做出规定，还对历史建筑的无障碍改造做出规定。

（2）建设方案审批

英国残疾人法令规定地方规划局在批准建设项目许可时，要提醒项目方在建设项目方案和建设过程中应将相关设计规范和条款融入其中。尽管中央政策的政策力度有限，但鼓励城市规划者同建设项目申请方就提供无障碍服务进行协商。同时，也鼓励地方规划局指定专门工作人员作为准入官员。

（3）监督与维护

无论英国企业还是政府，如果无法在法律规定的场所、环境不能为残疾人提供出行和使用的便利，则可能会被法院判处强制改造，以及巨额罚金。

通过对美国、日本和英国为代表的典型地区在无障碍建设的环节、主体和机制分析，可以发现，上述典型地区在无障碍环境方面有着完整的流程和环节、多元主体参与、畅通的机制保障。不仅如此，在每个环节上，上述典型地区的做法和经验是完善、深入和成熟的。

通过对典型地区分析，可以回答"无障碍环境需要哪些管理和建设环节、什么样的主体和机制"，从中可以提取出"常态监督""多元主体参与""常态维护""合作—分工""层级管理""监督—维护链""围绕人群需求""需求评估""标准制定""责任追究""验收""权责明晰""沟通—表达""反馈—融入""方案审批""社会参与决策"等概念，则可以进一步归纳为以下二级要素："协作互补机制""沟通—表达—融入—反馈链机制""自上而下—自下而上结合机制""底线标准机制""分级管理机制""监督—反馈—确认—维护链机制""责任追究机制""多元联动主体""标准制定""需求评估""方案审批""体验验收""常态监督"和"常态维护"。

（三）无障碍环境建设需要的外部支持系统

1. 美国经验

美国对无障碍环境建设的支持主要包括三个方面。

首先，为了激励联邦、地方政府和部门以及社会企业等主体执行无障碍法规和设计规范，为残疾人提供在居住、娱乐、工作和信息交流方面的无障碍服务，美国政府实行多项税收优惠和财政支持政策。例如，对于用于无障碍改造的费用可部分代替税收。其次，教育和科研系统在无障碍环境建设方面发挥着重要的支持作用。美国大学基于原有基础，增开无障碍相关专业。

在没有条件的一些院校中,院系在各自领域对无障碍环境开展相应研究。此外,美国具有多主体(企业、协会等)对无障碍相关技术、产品进行相应的设计、开发和生产。

上述研究和生产极大促进了美国无障碍环境建设。

2. 日本经验

除了采取强制性无障碍设计标准来规范实践主体的建设行为,与此同时,日本也出台一系列的激励措施以引导建设主体遵循无障碍规范,包括:

首先,在容积率统计口径方面,如果因残障人士通行便利而扩大卫生间及走廊的面积,扩大的面积可以不计入容积率;其次,和美国一样,日本对获得无障碍设计认证的建筑主体免除5年内全部所得税的10%,以此作为激励;再次,获得无障碍设计认证的建筑方,可从日本政策投资银行和中小企业金融公库获得低利息贷款,有着较大的优惠政策;最后,对于公共场合的无障碍改造工程,日本政府可部分补偿因改造而产生的费用。

通过对美国和日本无障碍环境建设的外部支持体系进行分析,可以发现上述国家有着完善的无障碍环境建设支持系统,可以为回答"无障碍环境建设需要怎样的支持系统"问题提供参考。通过分析,可以提取以下概念:教育支持、税收支持、金融支持、研究支持,进一步归纳为两个三级要素:"教育支持系统""科学研究支持系统"和"财政支持系统"。

四、无障碍环境建设理想要素集

通过对理论推导、学术文献和典型地区三种途径界定的要素进行归集、筛选并界定,最终,确定无障碍环境建设要素集,用于接下来的理论框架构建。要素归集按照"要素渠道—本研究要回答的问题—提示概念—一级要素—二级要素"的思路开展,最终形成无障碍环境建设理想要素集,见表4-2-2。

表4-2-2 无障碍环境建设理想要素集

序号	要素渠道	本研究要回答的问题	问题—概念	一级要素	二级要素
1	系统论	从管理视角看,无障碍环境建设(Y)需要哪些基本要素(K)?	明确的价值理念 清晰的管理主体 畅通的协作机制 基本的管理环节 明确的管理结果 辅助性支持系统	价值理念 管理体制和机制 管理环节 管理结果 支持系统	

续表

序号	要素渠道	本研究要回答的问题	问题—概念	一级要素	二级要素
2	多中心治理理论（复合治理主体）	无障碍环境建设过程需要什么样的主体？	多元主体		多元联动主体
3	多中心治理理论（治理方式的互动和合作）	无障碍环境建设过程需要什么样的机制？	1. 清晰的互动协作机制 2. 畅通的沟通机制		1. 互动协作机制 2. 沟通—表达—反馈—融入机制
4	多中心治理理论（满足人群多样化需求的治理目标）	无障碍环境建设和管理需要秉持一个什么样的价值理念？	围绕人群需求		基于需求
5	通用设计理念（全人群、多场景）	无障碍环境建设和管理需要秉持一个什么样的价值理念？	通用设计理念		基于通用设计理念
6	学术文献	无障碍环境建设和管理需要秉持一个什么样的价值理念？	1. 无障碍理念 2. 围绕人群需求 3. 通用设计理念		1. 基于需求 2. 基于通用设计理念
7	学术文献	无障碍环境建设需要哪些主体参与和机制保障	1. 多元主体 2. 监督维护链 3. 责任追究 4. 协作互补 5. 社会参与 6. 沟通表达		1. 多元联动主体 2. 监督—反馈—确认—维护链机制 3. 协作互补机制 4. 责任追究机制
8	学术文献	无障碍环境建设需要哪些环节支撑？	1. 常态监督 2. 常态维护 3. 需求评估 4. 制定标准 5. 建成验收 6. 方案审批		1. 标准制定 2. 需求评估 3. 方案审批 4. 体验验收 5. 常态监督 6. 常态维护
9	学术文献	无障碍环境建设需要哪些外部系统支持？	1. 教育参与 2. 财政保障 3. 政策保障 4. 立法保障 5. 税收保障		1. 教育支持系统 2. 财税支持系统 3. 政策保障系统
10	学术文献	无障碍环境建设需要达到一个什么样的结果？	1. 实用性增加 2. 社会文明提升 3. 人群需求满足		1. 提升实用性 2. 满足人群需求 3. 提升社会质量
11	典型地区分析（日本、美国、英国）	无障碍环境建设需要秉持什么价值理念？	1. 通用设计理念 2. 围绕人群需求		1. 基于需求 2. 基于通用设计理念
12	典型地区分析（日本、美国、英国）	无障碍环境建设需要哪些管理和建设环节？	1. 常态监督 2. 常态维护 3. 需求评估 4. 标准制定 5. 验收 6. 方案审批		1. 标准制定 2. 需求评估 3. 方案审批 4. 体验验收 5. 常态监督 6. 常态维护

续表

序号	要素渠道	本研究要回答的问题	问题—概念	一级要素	二级要素
13	典型地区分析（日本、美国、英国）	无障碍环境建设需要哪些机制保障？	1. 监督—维护链 2. 权责明晰 3. 沟通—表达 4. 社会参与 5. 反馈—融入 6. 合作—分工 7. 层级管理		1. 协作互补机制 2. 沟通—表达—融入—反馈链机制 3. 自上而下—自下而上结合机制 4. 底线标准机制 5. 分级管理机制 6. 监督—反馈—确认—维护链机制 7. 责任追究机制
14	典型地区分析（日本、美国、英国）	无障碍环境建设需要哪些外部系统支持？	1. 教育支持 2. 税收支持 3. 金融支持 4. 研究支持		1. 教育支持系统 2. 科学研究支持系统 3. 财政支持系统

第三节　无障碍环境建设理论框架

在界定无障碍环境建设相关要素后，基于系统论，对一级要素与二级要素的关系进行逻辑化，使之成为较为合理的概念框架。

无障碍环境建设理论框架共计包括五个一级维度：管理价值理念、管理体制和机制、管理环节、管理结果和外部支持系统。每个一级维度包括若干相关二级维度。其中，管理价值理念包括基于通用设计理念和基于需求两个二级要素；管理体制和机制包括无障碍环境建设多元联动主体、协作互补机制等二级要素；管理环节则包括从标准制定到常态维护等二级要素；管理结果则包括建成无障碍环境实用性、对人群需求的满足程度以及社会质量的提升等二级要素；外部支持系统则包括教育支持系统、科学研究支持系统和财政支持系统等二级要素。

本理论框架假设，无障碍环境建设和管理应基于特定的管理理论，例如，通用设计理念和人群需求，通过多元联动主体、高校机制和齐全环节，最终达到一个较为理想的建设结果，即建成无障碍环境和设施有高的实用性、能满足人群需求，最终促进社会质量提升。当然，在整个过程中，需要教育、科研和财政系统的支持，见图4-3-1。

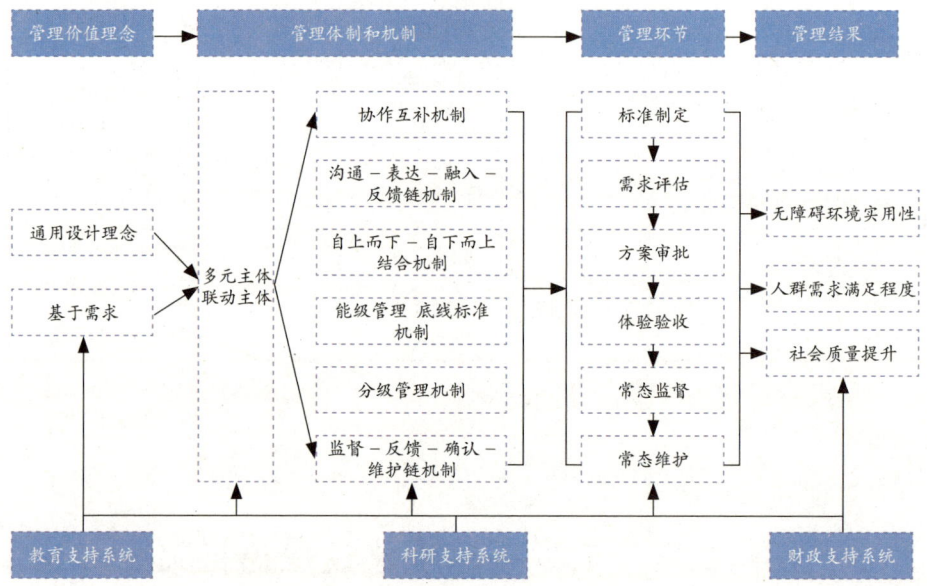

图 4-3-1　无障碍环境建设理论框架

第五章
无障碍环境建设现状与问题分析

第一节　全国层面无障碍环境建设现状

一、无障碍环境建设政策现状

关于无障碍环境建设的相关政策内容是如何规定的？相关政策的目标、措施、任务等的时间变化趋势是什么？有无重大无障碍环境建设相关政策？即我国无障碍环境建设的政策现状和历史是如何的？

通过回答上述问题，能够为我们了解我国无障碍环境建设的顶层设计现状提供一个窗口。而政策内容变迁分析成为回答上述问题的有力工具。

政策文本中的无障碍环境建设现状，主要通过确定分析问题—政策文本收集—政策文本整理—政策内容描述—内容变迁分析思路来进行无障碍环境建设相关政策内容变迁分析。

1.确定分析问题

明确清晰地分析问题，有利于寻找精确的政策文本，形成贯通的分析逻辑。在基于政策文本这一部分现状分析中，围绕无障碍环境建设，通过政策文本的搜集、整理和分析，回答以下问题：

（1）我国无障碍环境建设相关政策的时间范围是如何的？

（2）我国无障碍环境建设相关政策都涉及哪些内容？

（3）我国无障碍环境建设相关政策不同阶段的政策目标、政策措施、政策任务等是如何的？随着时间的变化，其趋势是如何的？

（4）我国是否发布重大无障碍环境相关政策？

2.政策文本收集

政策文本收集应遵循以下几点：首先，尽可能基于多种资料途径收集政策文本，多途径收集能够纳入多层次的、多部门颁布的和各种效力的政策文本进行分析，保证相关政策的多样性；其次，避免追求穷尽相关政策，做到不遗漏相关重大政策即可。

政策文本收集围绕"无障碍环境建设",在国务院官网、中国残疾人联合会官网和北大法宝三个检索平台上,通过制定特定的检索策略来获取相关政策文本。检索词和检索条件见表 5-1-1。

表 5-1-1　无障碍环境建设政策文本检索策略情况

检索平台	检索词	检索条件	检索结果
国务院官网	无障碍	◆选择"包含以下全部关键词" ◆栏目:全部 ◆时间段:1980.1—2019.3 ◆搜索词位置:在标题中	86
国务院官网	残疾	◆选择"包含以下全部关键词" ◆栏目:政策 ◆时间段:1980.1—2019.3 ◆搜索词位置:在标题中	18
中国残疾人联合会官网	无障碍	◆检索栏目:政策 ◆检索位置:正文 ◆检索时间:19800101—20190318	499
北大法宝	无障碍环境	◆检索位置:全文 ◆检索栏目:中央法规　司法解释	155

3. 政策文本整理

政策文本整理是将基于多种途径检索到的政策文本按照预先设定的排除和(或)纳入标准进行整理,来形成最终纳入分析的政策清单。

在进行政策文本整理的过程中制定了如下排除标准:(1)地方性法律法规、政策条例、部门规章等;(2)与无障碍环境明显不相关;(3)宣言、倡议等;(4)无障碍相关的设计和技术性标准。

对政策文本完成去重和排除后,最终共纳入 27 条政策文本进行分析,同时形成了政策清单。政策清单见表 5-1-2。

表 5-1-2　无障碍环境建设相关政策清单

序号	政策名称	政策类型	发布时间	主要发布部门
1	《中国残疾人事业五年工作纲要(1988—1992 年)》	国务院规范性文件	1988	国家计划委员会
2	《中华人民共和国残疾人保障法(1990)》	法律	1990	全国人大
3	《中国残疾人事业"八五"计划纲要(1991—1995 年)》	国务院规范性文件	1991	国务院

续表

序号	政策名称	政策类型	发布时间	主要发布部门
4	《中国残疾人事业"九五"计划纲要（1996—2000年）》	国务院规范性文件	1996	国务院
5	《中华人民共和国老年人权益保障法》	法律	1996	全国人大
6	《残疾人教育条例（1996）》	行政法规	1996	国务院
7	《关于加强社区残疾人工作的意见》	部门规范性文件	2000	民政部
8	《中国残疾人事业"十五"计划纲要（2001—2005年）》	国务院规范性文件	2001	国务院
9	《中国残疾人事业"十一五"发展纲要（2006—2010年）》	国务院规范性文件	2008	国务院
10	《中华人民共和国残疾人保障法（1991）》	法律	2008	全国人大
11	《中共中央国务院关于促进残疾人事业发展的意见》	国务院规范性文件	2008	国务院
12	《中华人民共和国老年人权益保障法（2009修正）》	法律	2009	全国人大
13	《中国残疾人事业"十二五"发展纲要》	国务院规范性文件	2011	国务院
14	《无障碍环境建设条例》	行政法规	2012	国务院
15	《中华人民共和国老年人权益保障法（2012修正）》	法律	2012	全国人大
16	《国务院关于加快发展养老服务业的若干意见》	国务院规范性文件	2013	国务院
17	《关于进一步加强残疾人辅助器具服务工作的意见》	团体规定	2014	中国残联
18	《国家新型城镇化规划（2014—2020年）》	国务院规范性文件	2014	国务院
19	《中华人民共和国老年人权益保障法（2015修正）》	法律	2015	全国人大
20	《国务院关于加快推进残疾人小康进程的意见》	国务院规范性文件	2015	国务院
21	《国务院关于印发"十三五"加快残疾人小康进程规划纲要》	国务院规范性文件	2016	国务院
22	《国家残疾预防行动计划（2016—2020年）》	国务院规范性文件	2016	国务院办公厅
23	《残疾预防和残疾人康复条例（2017）》	行政法规	2017	国务院

续表

序号	政策名称	政策类型	发布时间	主要发布部门
24	《残疾人教育条例（2017）》	行政法规	2017	国务院
25	《中华人民共和国老年人权益保障法（2018修正）》	法律	2018	全国人大
26	《残疾预防和残疾人康复条例（2018修订）》	行政法规	2018	国务院
27	《残疾人服务机构管理办法》	部门规范性文件	2018	民政部

4. 政策内容提取

政策内容提取旨在提取政策文本客观特征和主观特征并进行提取。政策客观特征在政策文本整理步骤已经提取，包括但不限于政策名称、政策类型、政策发布时间和政策发布部门。政策主观特征则包括但不限于政策作用对象、政策目标、政策措施、政策任务、政策保障和责任主体。通过建立政策文本评阅库，提取上述指标，按照指标提取文本相关内容并进行初步描述。

在政策文本整理后，最终纳入的 27 篇政策，从中提取政策作用对象、政策目标、政策措施、政策保障和政策主体的相关内容。提取示例见表 5-1-3。

表 5-1-3　无障碍环境建设政策内容提取情况示例

序号	政策名称	作用对象	政策目标	政策措施	政策保障	责任主体
1	《中国残疾人事业五年工作纲要（1988—1992年）》	残疾人	使残疾人在事实上成为社会平等的一员，享有全面参与社会生活的权利，履行公民义务，共享由劳动和社会经济发展所带来的物质文化成果。	1.新建城市道路和公共设施应实行方便残疾人的设计规范；2.对省会和特大城市的主要公共交通和公共设施上应有计划分步骤地加以改造，以方便残疾人活动。		各地方、各部门应以高度负责的精神，承担起各自的责任，调动社会各方面的力量，齐心协力，采取切实有力的措施，实施本纲要。
2	《中华人民共和国残疾人保障法（1990）》	残疾人	为了维护残疾人的合法权益，发展残疾人事业，保障残疾人平等地充分参与社会生活，共享社会物质文化成果。	强调国家和社会逐步实行方便残疾人的城市道路和建筑物设计规范，采取无障碍措施。		1.国务院有关部门根据本法制定有关条例，报国务院批准施行；2.省、自治区、直辖市人民代表大会常务委员会可以根据本法制定实施办法。

续表

序号	政策名称	作用对象	政策目标	政策措施	政策保障	责任主体
3	《中国残疾人事业"八五"计划纲要（1991—1995年）》	残疾人	1.残疾人的温饱问题初步解决；2.残疾人接受康复、教育、医疗保健的人数增加；3.残疾人劳动就业率提高；4.残疾人文化生活日渐丰富；5.残疾人服务增多；6.残疾人自强精神和参与能力增强；7.有中国特色的残疾人事业法律体系、政策体系、业务体系、工作体系和残疾人组织体系初步确立。	颁布《方便残疾人的城市道路和建筑物设计规范》，一些城市开始采取无障碍措施。		各级人民政府要给予更多的关注与支持，要以高度负责的精神采取切实有力的措施，完成本纲要规定的任务。
4	《中国残疾人事业"九五"计划纲要（1996—2000年）》	残疾人	1.残疾人温饱问题基本解决；2.残疾人普遍开展康复训练，同时通过实施一批重点工程，使300万人得到不同程度的康复；3.残疾儿童少年义务教育入学率达到80%左右，可以就业的残疾人基本得到职业培训；4.残疾人就业率达80%左右；5.残疾人广泛参与社会生活；6.为残疾人提供服务的条件改善、能力增强；7.系统开展残疾预防，努力减少残疾发生。	1.将执行《方便残疾人使用的城市道路和建筑物设计规范》纳入基本建设审批内容；2.制定相应规定；3.广泛宣传、逐步推广无障碍设施。	1.国务院残疾人工作协调委员会将组织有关部门制定配套实施方案，有关部门要筹集资金、安排必要的专项经费；2.各地要依据本纲要制定当地残疾人事业"九五"计划及其实施方案，并且要提供条件予以保证。	1.发展残疾人事业是社会主义制度的本质要求，是各级政府和全社会义不容辞的责任；2.地方各级政府要关心、支持残疾人事业，以高度负责的精神，采取切实有力的措施，完成本纲要规定的任务。
5	《中华人民共和国老年人权益保障法》	老年人	为保障老年人合法权益，发展老年事业，弘扬中华民族敬老、养老的美德。	无与无障碍环境相关政策措施。		

5. 内容变迁分析

内容变迁分析主要是对提取的政策客观内容和主观内容按照时间进行划分，并进行时间对比，找出相关政策在不同时间段的特征。

（1）政策客观特征分析

政策客观特征中，纳入分析的政策文本发布时间共出现三个高峰，分别在1996年、2008年和2018年。2011年之后,无障碍环境建设相关政策发布较为稳定,大致每年发布2个政策。

政策发布类型中,纳入分析的政策文本类型接近一半为国务院规范性文件(44.44%),接着是法律(25.93%)和行政法规(18.52%),但值得注意,政策发布类型中的法律多为修订版。

政策发布部门中,政策多为国务院颁布(59.26%),接着为全国人大(25.93%),颁布类型全部为法律,此外,民政部、中国残联和20世纪存在的国家计划委员会也都颁布过相关政策,具体见图5-1-1。

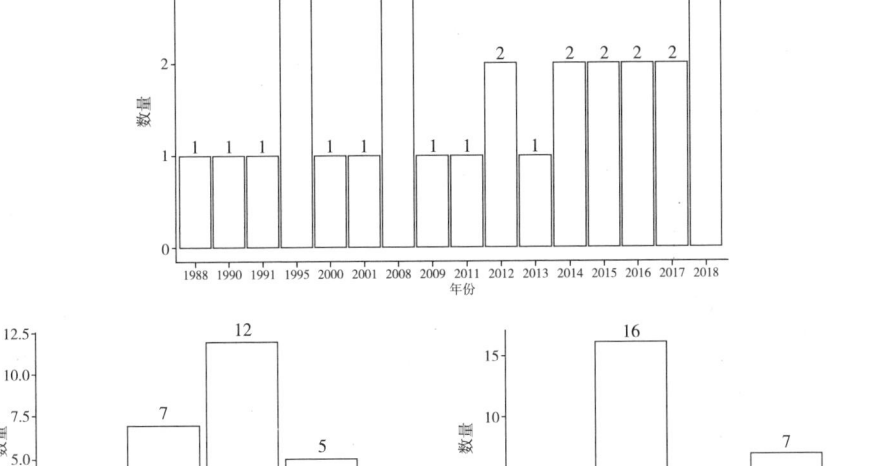

图 5-1-1 政策客观特征分布

(2)政策主观内容变迁分析

基于无障碍环境相关政策发布频率、政策目标特异度、政策措施针对性和责任主体划分清晰度,我国无障碍相关政策可被总结为以下三个大阶段。

第一阶段:起步期。

我国无障碍相关政策的起步期从20世纪80年代一直到2000年。在这一阶段中,共计发布2部涉及无障碍环境建设的法律,分别为1990年颁布的《中华人民共和国残疾人保障法》和1996年颁布的《中华人民共和国老年人权益保障法》；1 部行政法规《残疾人教育条例（1996）》；3 部国务院规范性文件，分别为《中国残疾人事业五年工作纲要（1988—1992 年）》（以下简称"七五计划"）、《中国残疾人事业"八五"计划纲要（1991—1995 年）》（以下简称"八五计划"）和《中国残疾人事业"九五"计划纲要（1996—2000 年）》（以下简称"九五计划"）；1 部部门规范性文件，为《关于加强社区残疾人工作的意见》。

从政策作用人群看，主要针对两类人群，一是残疾人，二是老年人。从政策目标来看，政策目标较为宽泛化，主要目标是保障残疾人平等参与社会生活、保障残疾人和老年人的合法权益。在政策目标中，此阶段所有政策未提到无障碍环境。

从政策措施来看，关于无障碍环境建设相关措施开始出现，例如"八五计划""九五计划"和《中华人民共和国残疾人保障法》规定逐步为残疾人创造良好的环境条件，新建城市道路和公共建筑应实施方便残疾人的设计规范，关注大城市公共交通道路和公共设施的无障碍改造等。可以看出，这些政策对于无障碍环境建设的规定较为宏观，主要倡导无障碍环境建设应该遵循相关规范，提倡改造城市关键公共环境和设施。此阶段最后颁布的《关于加强社区残疾人工作的意见》中，除了提出应新建无障碍公共环境和改造建成环境和设施外，还提到加强无障碍环境的审批和验收，对建成无障碍环境进行维护和管理。

从政策保障措施看，发布的相关政策较少制定保障措施，只有在"九五计划"和《关于加强社区残疾人工作的意见》中概括性地规定国务院部门和各级人民政府应制定的措施，例如经费保障和组织协调。责任主体方面，除了呼吁关注残疾人事业是各级人民政府义不容辞的责任外，只有《关于加强社区残疾人工作的意见》中提到具体部门在执行措施中责任划分，但责任内容较为概括性。

第二阶段：发展期。

我国无障碍相关政策的发展期为 2001 年至 2011 年。在此阶段中，关于无障碍环境建设，颁布两部法律的修订版，分别为 2008 年修订的《中华人民共和国残疾人保障法》和 2009 年修订的《中华人民共和国老年人权益保障法》；4 部国务院规范性文件，分别为《中国残疾人事业"十五"计划纲要

（2001—2005年）》（以下简称"十五计划"）、《中国残疾人事业"十一五"发展纲要（2006—2010年）》（以下简称"十一五规划"）、《中共中央国务院关于促进残疾人事业发展的意见》和《中国残疾人事业"十二五"发展纲要》（以下简称"十二五规划"）。

从政策人群看，残疾人和老年人依旧是两个政策主要针对人群。从政策目标看，最大的变化为首次出现关于无障碍环境的目标规定。"十五计划"在政策目标中强调推行城市道路和建筑物无障碍，发展信息和交流无障碍。与起步期相比，此阶段的政策目标较为具体，对残疾人和老年人的教育、就业和生活等多方面做出目标规定。

从政策措施看，开始针对无障碍环境以单独的条款做出相关措施规定。如"十五计划"和"十一五规划"中对无障碍环境建设单独设立章节，对相关措施作出规定。在内容方面，相较于起步期措施，此阶段措施更加细致，如从法律标准、建设过程、管理过程、无障碍宣传、社会公众意识、信息交流无障碍、无障碍技术推广方面进行规定。此外，从教育、就业、统计、研究和政治参与等角度，对无障碍环境建设做出相对较为细致的措施规定。

此阶段的另一个特点是，在政策的最高形式——法律中对无障碍建设单独增设章节，对无障碍环境建设作出规定。《中华人民共和国残疾人保障法》2008年修订版，利用7个条款从管理、日常生活、政治参与和技术等方面对无障碍环境做出规定。

从政策保障措施来看，此阶段的大部分政策依旧没有配套措施，只有在"十二五规划"中提到制定配套实施方案，运用财政税收等手段来保障政策措施的实施。在责任主体规定方面，也多为呼吁各级政府应承担相应的责任。对于其他主体，例如，共青团、工会等社会组织，也只是发出支持政府残疾人工作、关注残疾人权益等。

第三阶段：上升期。

我国无障碍相关政策的上升期从2012年一直持续至今。此阶段，关于无障碍环境建设共计颁布3部法律（修订版），分别为《中华人民共和国老年人权益保障法（2012修正）》《中华人民共和国老年人权益保障法（2015修正）》和《中华人民共和国老年人权益保障法（2018修正）》；4部行政法规，分别为《无障碍环境建设条例》《残疾预防和残疾人康复条例（2017）》《残疾人教育条例（2017）》和《残疾预防和残疾人康复条例（2018）》；4部国务院规范性文件，分别为《国家新型城镇化规划（2014—2020年）》《国务院关于加快推进残疾人小康进程的意见》《国务院关于印发"十三五"加快残疾人小康进程规划纲要的通知》和《国家残疾预防行动计划（2016—2020年）》；1部部门规范性文件，为《残疾人服务机构管理办法》和1部团体规定，为《关于进一步加强残疾人辅助器具服务工作的意见》。

从政策目标来看，针对无障碍环境建设已经单独颁布行政法规。在其政策目标中，简要提出无障碍环境的建设是为了让社会成员平等参与生活。在其他政策中，虽无直接提到无障碍环境建设，但其政策目标的相关表述也彰显亟待无障碍环境建设，例如"提升残疾人公共服务""建成居家为基础、社区为依托的养老服务体系"等。

从政策措施来看，《无障碍环境建设条例》从无障碍设施建设、无障碍信息交流、无障碍社区服务三个方面对无障碍环境做出较为详细的规定。例如，对城市和乡村的公交码头等公共交通、文化、体育、医疗卫生等公共建筑、居住建筑方面必须符合相关无障碍设计规范；在信息交流无障碍建设方面，提出应将信息交流无障碍纳入当地政府规划，从教育信息交流、日常娱乐信息交流、公共服务信息交流等方面做出较为详细的无障碍设计规定。在社区环境建设方面，提出完善社区设施无障碍建设，给予贫困家庭的无障碍改造补助和在政治生活参与中提供无障碍支持。此外，在《中华人民共和国老年人保障法》中提到，为老年人家创造和改造无障碍环境，实现宜居环境。在《国务院关于加快发展养老服务业的若干意见》中也提到加强无障碍社区建设。可见社区环境的无障碍化越来越成为政策关注点。值得注意的是，此阶段针对无障碍环境建设的相关政策中，其他领域的政策也越来越强调无障碍环境建设的重要性，如《残疾预防和残疾人康复条例（2017）》和《国家新型城镇化规划（2014—2020年）》。

从政策保障措施来看，此阶段政策的保障措施也较为详细，例如从组织保障、经费保障、人才培养、政策支持、研究咨询等方面做出规定。责任主体也较为明晰，如《无障碍环境建设条例》中规定部门之间在建设、管理上的具体职责。

在通用设计理念及应用方面，只有在上升期的相关政策中提及，分别在

《国务院关于印发"十三五"加快残疾人小康进程规划纲要的通知》和《无障碍环境建设条例》中强调加强通用设计在无障碍环境建设中的应用。在其他两个时期的政策文本中均未涉及通用设计相关目标和措施规定。

在对上述三个阶段的政策特征进行对比及分析后可以发现：

起步期相关政策开始关注无障碍环境，然而政策目标均未提及无障碍环境相关内容。政策措施只是倡议性提及对当前环境进行无障碍改造并逐步在城市中推广无障碍建设，无障碍建设标准处于较低水平，保障措施和责任主体模糊。

相较于起步期，发展期相关政策在政策目标和政策措施等方面进一步提升，例如，此阶段相关政策目标开始提及无障碍环境建设，政策措施单独对无障碍环境建设作出规定，也更为细致，层次丰富。一个较大的进步是法律中开始单独针对无障碍环境作出规定。然而，在政策保障措施和责任主体划分方面，相较于起步期，未发生较大变化，依旧具有倡议性、模糊化特征。

相较于前两阶段，上升期相关政策无论是在政策目标、政策措施还是在政策保障措施和责任主体划分方面，都呈现出明显提升。特别地，在2012年，单独针对无障碍环境发布行政条例《无障碍环境建设条例》，在政策目标、措施、责任划分等方面，对无障碍环境建设做出较为系统的规定和规划。

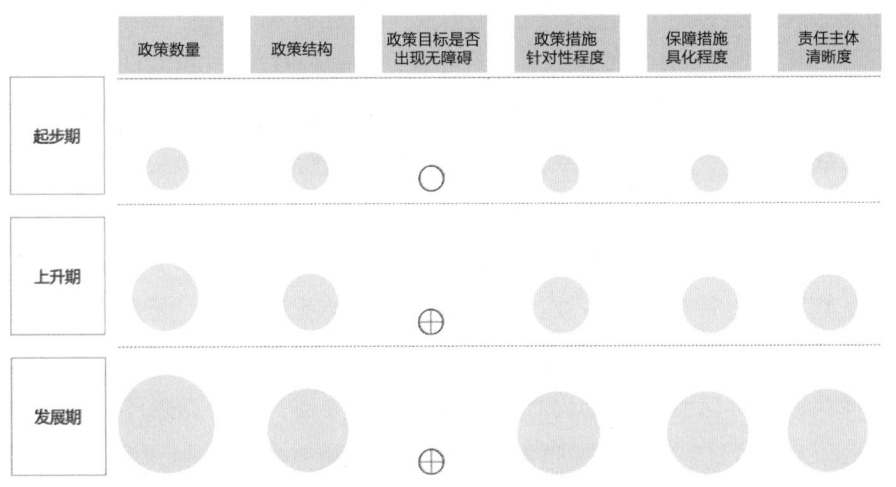

注：有色圆越大表示程度或水平越高；线条圆表示无；十字线条圆表示有

图 5-1-2　政策变迁分析总结

基于上述分析可知，无障碍环境相关政策的发布频率、目标特异度、措施针对性和责任清晰度方面越来越高，这表明国家对无障碍环境建设的关注度越来越高。

二、无障碍环境建设实践现状

基于二手数据的实践现状分析，主要通过提取统计年鉴和行政数据来描述和分析我国无障碍环境建设和管理的现状和变化趋势，以回答我国无障碍环境建设的实践现状是如何的？发生了什么变化？无障碍环境建设相关政策效应如何？等问题。

（一）数据来源

为了能从二手数据中获得我国无障碍环境建设和管理的现状和变化趋势的相关情况，回答上述问题，无障碍环境建设及管理相关数据主要从《中国残疾人事业统计年鉴》（2011—2018年）和中国残疾人联合会官方网站获取。具体提取以下字段：全国无障碍环境建设检查次数（以下简称"无障碍环境建设检查次数"）、全国无障碍环境建设培训次数（以下简称"无障碍环境建设培训次数"）、全国建立省级或地市级别无障碍领导小组或联席会议制度行政区数（以下简称"建立联席会议制度各级行政区数"）、全国出台无障碍设施建设与管理规定、政府令数（以下简称"出台管理规定数"）、全国系统开展无障碍环境建设市县区数（以下简称"系统开展无障碍环境建设市县区数"）、全国无障碍媒体宣传次数、全国印发宣传材料数及年份和省份信息。

全国无障碍环境建设趋势分析中，对于纳入分析的所有变量，如果变量的缺失数据量大于等于总数据的30%，则不进行插补，只分析完整案例；如果少于30%，则利用K最近邻方法（KNN）对缺失值进行简单插补。

纳入变量中，时间、无障碍环境建设检查次数、建立联席会议制度各级行政区数和出台管理规定各级行政区数等变量均无缺失值；无障碍媒体宣传次数、印发无障碍宣传材料数、无障碍环境建设培训人次和系统开展无障碍环境建设市县区数等变量均有不同程度的缺失值，其中无障碍媒体宣传次数与印发宣传材料数的缺失情况最严重，缺失值高达70.59%，具体数据见表5-1-4。

表 5-1-4 纳入分析的变量缺失值情况

变量	时间	无障碍环境建设检查次数	无障碍环境建设培训人次	建立联席会议制度各级行政区数	出台管理规定数	系统开展无障碍环境建设市县区数	无障碍媒体宣传次数	印发无障碍宣传材料数
缺失值（%）	0	0	23.53	0	0	23.53	70.59	70.59

（二）无障碍环境建设活动趋势

2002 年至 2018 年期间，全国无障碍环境建设检查次数在 2015 年达到顶峰，各级别行政区共计进行 6445 次无障碍环境建设检查，期间平均检查次数为 2894.18 次；全国无障碍环境培训人次在 2014 年达到顶峰，为 40089 人次，期间年均培训 27481.81 人次；全国建立联席会议制度各级行政区数在 2013 年达到顶峰，为 1263 个，期间年均 841.38 个；全国出台管理规定数在 2006 年达到顶峰，为 517 个，期间年均 363.35 个；系统开展无障碍环境建设各级行政区数在 2006 年达到顶峰，为 4660 个，期间年均 1423.16 个。

2006 年至 2010 年期间，全国无障碍媒体宣传次数在 2007 年达到顶峰，共计为 8602 次，期间年均开展 5422.8 次宣传；印发无障碍宣传材料份数在 2010 年达到顶峰，共计印发 354 万份，期间年均印发 232.24 份。见表 5-1-5。

表 5-1-5 2002—2018 年全国无障碍建设相关指标描述性统计

变量	最大值	均数（标准差）	中位数
无障碍环境建设检查次数	6445	2894.18（1643.08）	2929
无障碍环境建设培训人次	40089	27481.81（8587.55）	29478
建立联席会议制度各级行政区数	1263	841.38（372.07）	920.5
出台管理规定数	517	363.35（142.41）	432
系统开展无障碍环境建设市区县数	4660	1423.16（906.52）	1339.72
无障碍媒体宣传次数	8602	5422.80（2066.07）	5331
印发无障碍宣传材料数（万）	354	232.24（72.19）	222.9

全国无障碍环境建设检查次数在 2002—2012 年间，年均增长 4.2%，但年均变化无显著统计学差异（95CI:-2.5%—11.3%，$P>0.05$）；2012—2015 年间，年均增长 28.8%（95CI：5.1%—57.9%，$P<0.05$），2015—2018 年间，年均下降

22.3%（95CI：-24.6%—19.8%，$P<0.05$）。2002—2018 年间，无障碍环境建设检查次数年均增长 2.6%，但年均变化无显著统计学差异（95CI：-2.3%—7.8%，$P>0.05$）。可以看出，全国无障碍环境建设检查次数在 2002—2012 年间，无显著变化趋势，2012—2015 年间呈现上升趋势，之后下降（图 5-1-3，A）。

全国无障碍环境建设培训人次在 2002—2007 年间年均下降 5.0%，但年均变化无显著统计学差异（95CI：-10.9%—1.2%，$P>0.05$）；2007—2012 年间，年均显著增长 18.2%（95CI：7.9%—29.6%，$P<0.001$）；2012—2018 年间，年均下降 1.2%，但年均变化无显著统计学差异（95CI：-5.7%—3.5%，$P=0.600$）。2002—2018 年间，全国无障碍环境建设培训人次年均上升 3.2%，但年均变化无显著统计学差异（95CI：-0.2%—6.8%，$P=0.100$）。可以看出，全国无障碍环境建设培训人次在 2007—2012 年期间呈现显著上升趋势，其他年份无显著变化趋势（图 5-1-3，B）。

全国建立联席会议制度各级行政区数在 2002—2013 年间年均上升 7.1%（95CI：1.2%—13.4%，$P<0.001$）；此后，年均下降 4.6%（95CI：-2.1%—4%，$P<0.001$）。2002—2018 年间，全国建立联席会议制度各级行政区数年均上升 3.3%，但年均变化无显著统计学差异（95CI：-0.4%-7.1%，$P=0.100$）。可以看出，全国建立联席会议制度各级行政区数先在 2012 年前呈现出上升趋势，随后呈现下降趋势（图 5-1-3，C）。

全国出台相关管理规定数在 2002—2018 年期间，变化趋势较为单一，期间年均上升 8.7%（95CI：4.1%—13.5%，$P<0.001$）（图 5-1-3，D）。

全国系统开展无障碍环境建设市区县数在 2002—2006 年间，年均增长 14.4%，但年均变化无显著统计学差异（95CI：-1.35—32.7%，$P=0.100$）；2006—2009 年间，年均下降 34.4%，但无显著统计学意义（95CI：-64.4%—32%，$P=0.200$）；2009—2018 年间，年均增长 14.6%（95CI：10.5—18.9%，$P<0.001$）。2002—2018 年间，年均增长 4%，但无显著统计学意义（95CI：-7%—16.4%，$P=0.500$）。可以看出，全国系统开展无障碍环境建设各级行政区数在 2009 年之后呈现显著上升趋势（图 5-1-3，E）。

综合来看，全国无障碍环境建设综合分数在 2002—2005 年间年均增加 10.45%，但无显著统计学意义（95CI：-4.3%—27.3%，$P=0.100$）；2005—2008 年间，年均下降 4.9%，但无显著统计学意义（95CI：-30.8%—30.8%，

$P=0.700$);2008—2013 年间,年均增加 16.3%(95CI:6.9%—26.5%,$P<0.001$);2013—2018 年间,年均下降 2.8%,但无显著统计学意义(95CI:-8.3%—3.1%,$P=0.300$)。2002—2018 年间,年均增加 4.9%,但无显著统计学意义(-1.1%—11.2%,$P=0.100$)。可以看出,全国无障碍建设综合分数在 2008—2013 年间呈现上升趋势(图 5-1-3,F)。

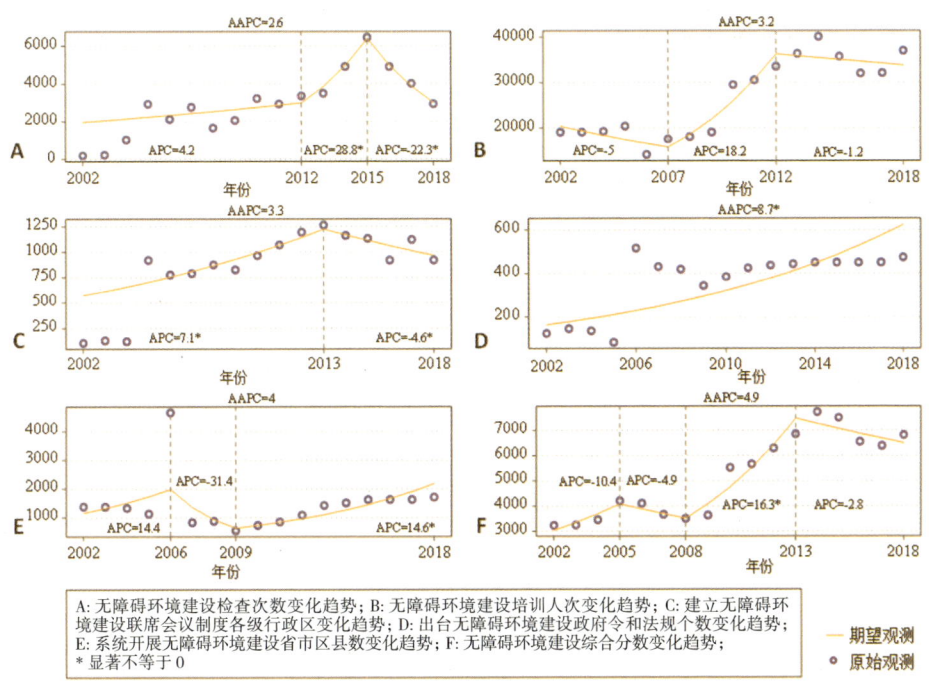

图 5-1-3 无障碍环境建设趋势分析

全国各地区无障碍环境建设活动对比主要是对最新能够获取的全国各省份无障碍环境建设二手数据进行描述性分析(2017 年),对比全国不同省份无障碍环境建设实践现状。使用各省份地级市和县级行政区数对无障碍环境建设实践指标进行加权(行政区数量倒数),计算各无障碍环境建设实践指标的加权效应量,以解释各省份不同行政区数的差异造成的对比指标差异。此外,删除每个指标的最大和最小 5%(共计 4 个)数值,以消除极端值给对比分析带来的影响。

2017 年,在出台无障碍环境建设相关管理规定数量方面,天津、甘肃和上海位列前三位,加权效应量分别为 0.56、0.4 和 0.31;在建立无障碍环境建设联席会议制度的行政区数方面,上海、天津、北京和重庆位列前三位,加权效应量分别为2，1.06，1.06和0.84；系统开展无障碍环境建设的行政区数方面，广东、甘肃、河北、重庆、广西、江西、上海、天津和北京位列前三位，加权效应量分别为1.02，1.01，1.01，1，1，1，1，1和1；在无障碍环境建设检查次数方面，浙江、天津和北京位列前三位，加权效应量分别为3.95，3.81和2.38；在无障碍环境建设培训人次方面，北京、上海和天津位列前三位，加权效应量分别为225.56，184.31和51.75。见图5-1-4。

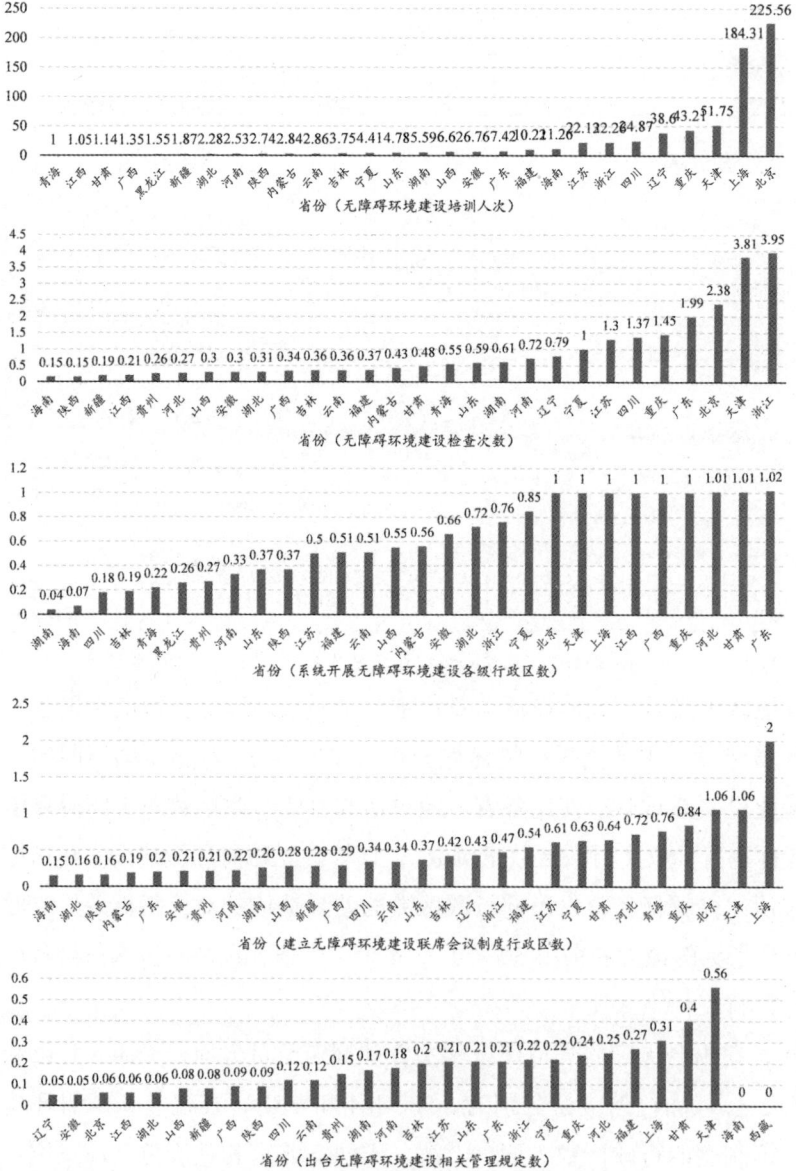

图5-1-4 无障碍环境建设全国区域对比分析，2017年

（三）《无障碍环境建设条例》政策效应

2012 年颁布的《无障碍环境建设条例》是我国第一部针对无障碍环境建设的政策。自政策实施起，7 年来，它对无障碍环境建设实践是否产生影响以及产生了什么样的影响，对于这些问题的回答，有助于了解无障碍环境建设政策深度现状。

基于《中国残疾人事业统计年鉴》（2011—2018 年）和中国残疾人事业发展统计公报（2002—2018 年）纵向数据，将 2012 年及以前设为政策干预前期，2013 年至 2018 年设置为政策干预后期，政策干预措施为颁布和实施《无障碍环境建设条例》。

首先，分别拟合《无障碍环境建设条例》对无障碍检查次数、无障碍培训次数、具有无障碍联席会议制度行政区数、无障碍设施建设管理规定数量和系统开展无障碍环境建设行政区数的政策效应模型；其次，利用主成分分析法，合并上述指标，构建综合分数，代表无障碍环境建设水平，然后拟合《无障碍环境建设条例》对综合无障碍环境建设水平的政策效应模型。

表 5-1-6 显示的是时间截断序列模型的残差自相关诊断情况。除了出台相关管理规定数模型不存在残差自相关，其他模型均存在一定程度的残差自相关。因此，在估计参数的 Joinpoint 模型中加入自相关项。

表 5-1-6 模型残差自相关检验

模型	Durbin-Watson 检验统计量	P 值	是否存在自相关
模型 1	0.65	<0.001	是
模型 2	0.82	<0.001	是
模型 3	0.76	<0.001	是
模型 4	1.41	0.06	否
模型 5	0.65	<0.001	是
模型 6	0.82	<0.001	是

注：模型 1：无障碍环境建设检查次数模型；模型 2：无障碍环境建设培训次数模型；模型 3：建立联席会议制度各级行政区数模型；模型 4：出台相关管理规定数模型；模型 5：系统开展无障碍建设市、区、县数量模型；模型 6：无障碍环境建设综合分数模型

表 5-1-7 展示的是时间截断序列模型残差方差诊断情况。无障碍检查次数模型、建立联席会议行政区数模型出现了一定程度的残差异方差现象。因此，采用加权最小二乘拟合 Joinpoint 模型。

表 5-1-7 模型残差同方差

模型	Breusch-Pagan 检验统计量	P 值	是否违背同方差假定
模型 1	4.58	0.032	是
模型 2	0.54	0.464	否
模型 3	8.51	0.004	是
模型 4	3.21	0.073	否
模型 5	0.78	0.378	否
模型 6	1.15	0.284	否

注：模型 1：无障碍环境建设检查次数模型；模型 2：无障碍环境建设培训次数模型；模型 3：建立联席会议制度各级行政区数模型；模型 4：出台相关管理规定数模型；模型 5：系统开展无障碍建设市、区、县数量模型；模型 6：无障碍环境建设综合分数模型

从模型估计结果来看，2012 年颁布的《无障碍环境建设条例》在短期内能够促进全国无障碍环境检查次数的提升（估计值 =3.24，P=0.010），但从长期来看，此政策对全国无障碍环境建设检查次数的影响逐渐下降（估计值 =-0.29，P=0.015）；对全国无障碍培训次数、全国无障碍环境检查次数、全国建立联席会议制度各级行政区数量来说，《无障碍环境建设条例》政策对其影响模式与对全国无障碍环境检查次数的影响相似，即短期内有促进提升的影响，长期来看，影响下降；《无障碍环境建设条例》对全国范围内发布无障碍环境建设相关管理规定数无影响（P=0.358）；对系统开展无障碍环境建设各级行政区数量来说，《无障碍环境建设条例》短期内影响微乎其微（P=0.051），长期来看，影响逐渐显现（P=0.003）。总体来看，《无障碍环境建设条例》对我国无障碍环境建设短期内具有积极影响，但长期来看，政策效应逐渐式微，见图 5-1-5。

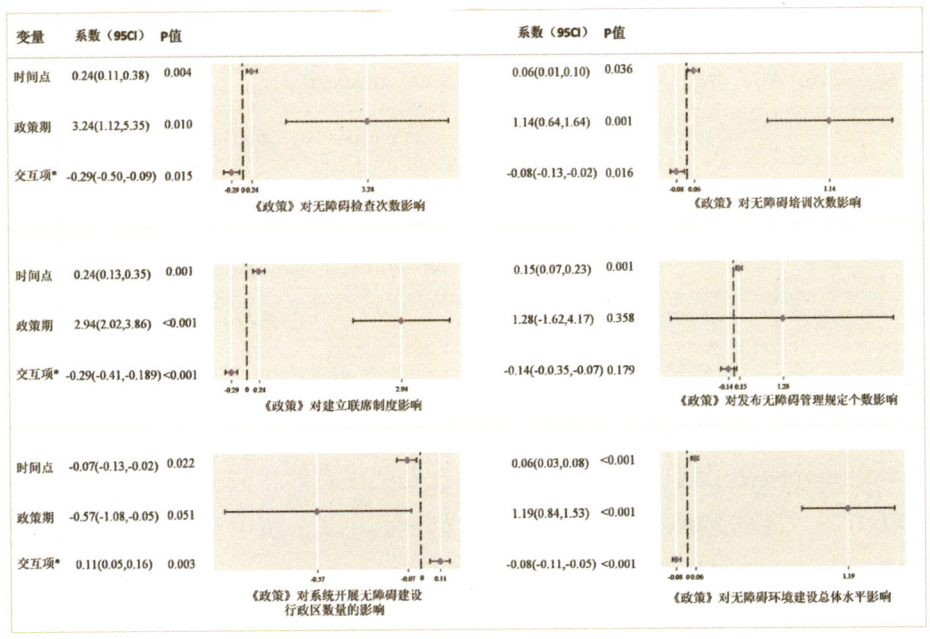

图 5-1-5　《无障碍环境建设条例》对无障碍环境建设的政策效应评估

三、无障碍环境需方认知现状

建成无障碍环境，不等于建好无障碍环境，更不能等同于无障碍环境实现其应用价值。既往研究和实践表明，从使用者角度对无障碍环境的分析和评价是更加直观、重要的。在基于网络文本和访谈的现状分析部分，主要利用残疾人家园网站，通过获取关于无障碍环境建设相关帖子文本并清理和开展主题分析，总结使用者（功能障碍者群体为主）对无障碍环境建设的态度和意见；此外，还对肢体和视力障碍人群和老年人群进行访谈，获取相关信息，从而为多角度界定问题奠定基础。

（一）网络文本来源

在对网络文本进行资料搜集时，以"无障碍"为检索词，不附加其他限制。初始检索在残疾人家园网站（http://bbs.cjrj.org/）和百度贴吧中的"残疾人贴吧"及"无障碍贴吧"进行。具体检索信息见表 5-1-8。

根据检索结果所示，残疾人家园网站共检索出 483 条主题帖；在百度贴吧中的"残疾人贴吧"及"无障碍贴吧"分别检索出 22 条和 69 条主题帖。

表 5-1-8　网络文本检索渠道和结果

检索平台	残疾人家园官网	百度残疾人吧、无障碍吧
网页地址	http://bbs.cjrj.org/	"https://tieba.baidu.com/f?ie=utf-8&kw=%E6%97%A0%E9%9A%9C%E7%A2%8D&fr=search"；"http://tieba.baidu.com/f/search/res?isnew=1&kw=%B2%D0%BC%B2%C8%CB&qw=%CE%DE%D5%CF%B0%AD&rn=10&un=&only_thread=0&sm=1&sd=&ed=&pn=6"
检索词	无障碍	无障碍
结果	483 条主题帖 3093 条文本	无障碍吧：22 条主题帖 残疾人吧：69 条主题帖

经过评阅帖子题目和内容，由于百度贴吧平台的相关主题帖及跟帖数量多为 0 条，且与无障碍环境相关性差，因此，正式分析中只纳入从残疾人家园论坛所获文本资料。

（二）文本客观特征

根据对发帖时间的分析，所有帖子文本发布于 2009 年至 2019 年；高峰出现在 2010 年，为 156 条，随后呈现下降趋势，在下一个增长趋势出现前，最低发帖量为 2014 年的 18 条；2016 年出现数量小高峰后，继续呈现下降趋势，见图 5-1-6。

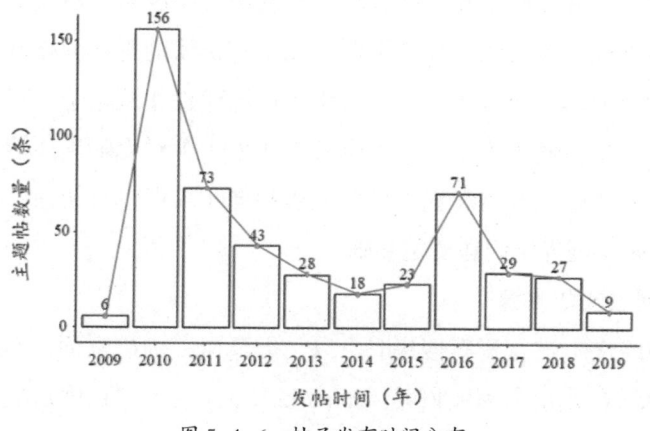

图 5-1-6　帖子发布时间分布

词频分析显示，"残疾人""无障碍""希望"，是前三位高频词语，分别出现 1405 次、1240 次和 467 次。此外，"生活""出行""设施""社会""政府"和"实实在在"也较多出现，具体见图 5-1-7。

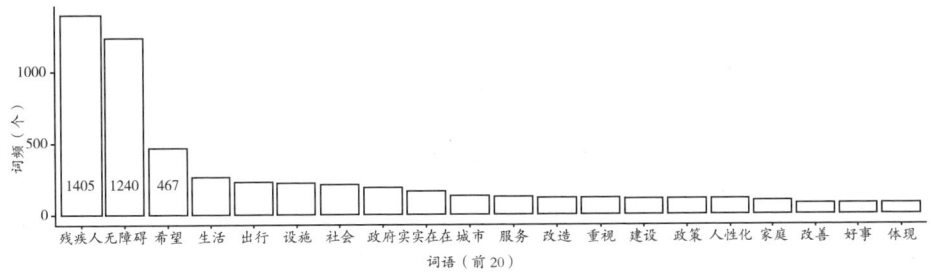

图 5-1-7　帖子文本词频分析

(三) 文本主观特征

从 3093 条文本中，计算词频—文档概率，以最大对数似然函数为标准选取主题数量。最终获取 18 个主题及其主题词，见表 5-1-9。对上述 18 个主题进行进一步归纳总结，得到 13 个主题。如下：

（1）使用者认为城市无障碍建设是社会文明的体现。

（2）无障碍环境能够改变残疾人生活状态，感受到生活美好。

（3）贫困残疾人家庭无障碍改造可以为残疾人带来实用性和便利性。

（4）科技投入能够提升残疾人的社会参与。

（5）无障碍环境能够提高残疾人生活质量，改善体验。

（6）无障碍环境建设和改造是造福残疾人的好事，值得称赞。

（7）无障碍环境为残障人士实现一些梦想。

（8）使用者希望在全国地区推广无障碍环境建设经验丰富、做法成熟地区的经验。

（9）绍兴的无障碍环境做得比较好。

（10）完善国家公共无障碍设施任重道远，当前工作差强人意。

（11）希望完善无障碍环境政策，以及无障碍政策能够落实，落到实处。

（12）希望政府重视，部门能够落实管理，宣传无障碍环境，保障残疾人权益。

（13）小区台阶为老人和肢体残疾人带来不便。

对上述 13 个主题进一步归类，可以提取出三类观点：

第一类是积极观点：这类观点认为无障碍环境能够提高残疾人的生活质量，为其带来生活便利；无障碍环境建设是社会文明的体现；强调和认可无障碍环境的价值、渴望无障碍环境服务。

第二类是消极观点：这类观点认为当前无障碍环境建设工作差强人意，任重道远；希望完善无障碍环境政策，政策落到实处；希望政府重视无障碍环境建设，能够落实管理，大力宣传无障碍强调无障碍环境体验不容乐观。

第三类是中立观点：这类观点主要倡导希望在全国地区推广无障碍环境建设经验丰富、做法成熟地区的经验。

表5-1-9 提取的18个主题及主题词

主题	主题词语								
主题1	希望	推广	全国	普及	残疾人	地区	做法	效仿	借鉴	绍兴
主题2	城市	社会	无障碍	体现	文明	关爱	建设	设施	提高	一种
主题3	无障碍	设施	建设	完善	环境	任重道远	国家	公共	做的	体验
主题4	残疾人	残疾	工作	残联	无障碍	朋友	做得	兄弟	姐妹	项目
主题5	无障碍	改变	感受	中国	美好	论坛	家园	快乐	心灵	建议
主题6	残疾人	服务	人性化	点赞	措施	工程	赞一个	科技	政策	理解
主题7	残疾人	改造	无障碍	家庭	贫困	设计	重度	实用	便利	带来
主题8	残疾人	社会	发展	越来越	感谢	关心	科技	投入	参与	享受
主题9	希望	政策	落实	付诸实施	道理	到位	期待	完善	无障碍	落到实处
主题10	政府	重视	关键	才行	部门	管理	宣传	希望	梦想	保障
主题11	生活	残疾人	改善	无障碍	质量	提高	体验	改变	关怀	家庭
主题12		无障碍	轮椅	通道	小区	不便	台阶	赞同	肢体	老人
主题13	残疾人	实实在在	好事	值得	造福	实事	享受	喜欢	点赞	称道
主题14	出行	残疾人	无障碍	旅游	出租车	梦想	通道	补贴	办法	惠及
主题15	无障碍	障碍	活动	人士	残障	现实	电影	出门	真好	大众
主题16	地方	绍兴	做的	真好	估计	真的	一步	机会	世界	残疾人
主题17	建筑	坡道	台阶	文化	全国	北京	禅寺	著名	世界	园林
主题18	残疾人	解决	肯定	就业	确实	福音	提供	东西	困难	督导

积极认知	
• 无障碍环境能够提高残疾人的生活质量，为其带来生活便利 • 无障碍环境建设是社会文明的体现 • 强调和认可无障碍环境的价值、渴望无障碍环境服务	• 使用者认为城市无障碍建设是社会文明的体现 • 无障碍环境能够改变残疾人生活状态，感受到生活美好 • 贫困残疾人家庭无障碍改造可以为残疾人带来实用性和便利性 • 科技投入能够提升残疾人的社会参与 • 无障碍环境能够提高残疾人生活质量，改善体验 • 无障碍环境建设和改造是造福残疾人的好事，值得称赞 • 无障碍环境为残障人士实现一些梦想
中立认知	
• 使用者认为无障碍环境建设可以借鉴经验成熟地区做法	• 使用者希望在全国地区推广无障碍环境建设经验丰富、做法成熟地区的经验 • 绍兴的无障碍环境做的比较好
消极认知	
• 当前无障碍环境建设工作差强人意，任重道远 • 希望完善无障碍环境政策，政策落到实处 • 希望政府重视无障碍环境建设，能够落实管理，大力宣传无障碍 • 强调无障碍环境体验不容乐观	• 完善国家公共无障碍设施任重道远，当前工作差强人意 • 希望完善无障碍环境政策，以及无障碍政策能够落实，落到实处 • 希望政府重视，部门能够落实管理，宣传无障碍环境，保障残疾人权益 • 小区台阶为老人和肢体残疾人带来不便

图 5-1-8　网络帖子文本分析结果

（四）肢障和视障者感受

在 2019 年 9—11 月期间，调查小组对 10 位功能障碍者及老年人进行访谈，其中，4 位肢体障碍者（2 位轮椅者），4 位视力障碍者（3 位低视力者、1 位盲人）及 2 位 65 岁以上老年人。

通过对访谈资料进行归纳总结，形成有关访谈对象关于无障碍环境建设的 6 类主题，主题包含社会公众的"残疾人意识"不够、政府应加大对无障碍环境建设的投入并加强对相关理念的宣传等，具体见表 5-1-10。

表 5-1-10　基于使用者访谈提取的主题

序号	主　　题
1	盲道被侵占等无障碍设施被破坏是社会公众的"残疾人意识"不够
2	日常生活中，由于其自身的病患，即使无障碍设施很好，依然会出现"障碍"
3	政府应该加大对无障碍环境建设的投入，主要是相关理念的宣传
4	无障碍环境建设忽略了精细化因素
5	无障碍设计规范需要修改和更新
6	不知道无障碍设施在哪儿以及如何使用

（五）社会公众认知现状

对社会公众的无障碍环境认知的网络调查于 2019 年 7—9 月开展。调查采用自制调查问卷，通过网络（腾讯微信、腾讯 QQ，网络论坛）、地铁站和菜市场等线上线下途径发放调查问卷。调查问卷包括人口学特征（年龄、性别、学历等）、自报行动或言语视力不便情况、无障碍认知、通用设计理念了解情况和满意度情况等，其中，无障碍意识条目设置参考了文献。此次调查样本非随机抽取，且调查结果仅做描述性分析。

1. 网络调查对象基本情况

本次调查共计发放 1387 份问卷，回收有效问卷为 1196 份（86.23%）。调查对象基本情况见表 5-1-11。总体来说，样本包含更多的女性，较高的学历；样本多居住在直辖市和省会城市，大部分没有行动或言语视力不便经历。

表 5-1-11　调查对象基本情况（n=1196）

变量	n（%）	变量	n（%）
性别		学历	
男	476（39.8）	小学及以下	55（4.60）
女	720（60.2）	初中	51（4.26）
年龄（均数［标准差］）	32.42（10.44）	中专及职高	114（9.53）
居住城市类别		高中	121（10.12）
直辖市	346（28.93）	大学专科	269（22.49）
省会城市	378（31.61）	大学本科	366（30.60）
计划单列市	119（9.95）	研究生	220（18.39）
地级市	127（10.62）	自报不便经历	
县城或县级市	110（9.20）	是	215（17.98）
其他	116（9.70）	否	981（82.02）

2. 社会公众认知情况

调查对象中，知道或听过"无障碍环境"或"无障碍设施"的占 64.55%，认为自己能感受到身边的无障碍环境的占 31.02%。认知分数方面，以 5 点李克特量表衡量，最后取各条目均数作为个人最终认知分数（1—5 分），分数越高代表对无障碍环境认知越高。分析结果显示，调查人群中，无障碍环境认知均数为 3.79（95CI：3.76—3.82）。

调查对象中，认为无障碍环境或无障碍设施是服务于全体社会成员的占 38.63%。大部分调查对象认为无障碍环境或无障碍设施只服务于某一类人群或有限的某几类人群，以残疾人、老年人及孕妇占比最多，分别为 87.37%、82.61% 及 75.33%，具体见图 5-1-9。

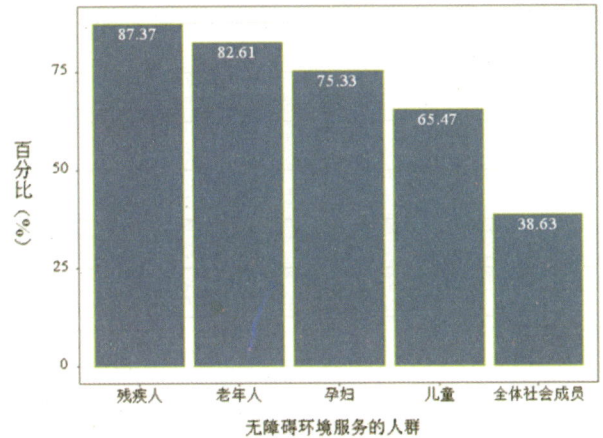

图 5-1-9　社会公众通用设计理念认知情况

第二节　上海市无障碍环境建设现状

一、无障碍环境建设实践现状

上海市无障碍环境建设相关指标的年期较短，因此对于无障碍环境检查、培训和改造情况只做简单描述性分析，不做趋势分析。

2012 年至 2017 年，上海市全市组织无障碍环境建设督导队开展的无障碍环境建设检查次数，在 2016 年达到最高，为 2123 次，之后下降；上海市无障碍环境建设培训次数，在 2016 年达到最高，为 4744 次，之后下降；上海市无障碍残疾家庭改造户数，在 2015 年达到高峰，为 5503 户，之后骤降。综合视角来看，三项指标在 2012 年最低，2015—2016 年到达高峰，之后下降。

2012 年起，上海市开始推动信息无障碍建设工作，措施包括提升无障碍电子地理信息系统、语音辅助播报器以帮助视障群体。为满足功能障碍群体文化和精神需求，上海市成立无障碍电影院，开展无障碍电影专场活动，同

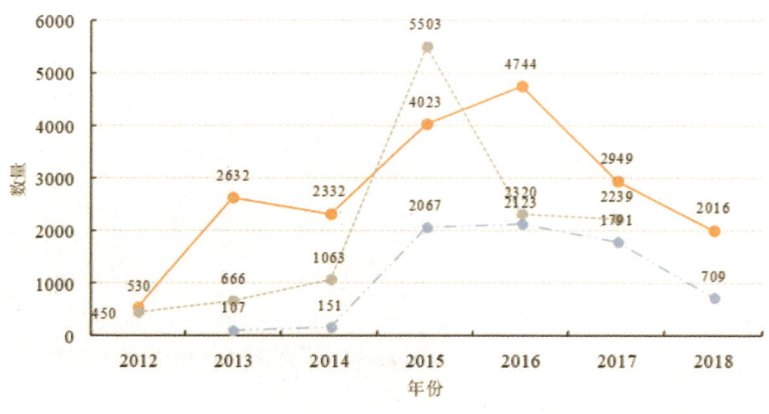

图 5-2-1　上海市无障碍环境建设相关指标情况，2012—2018 年

时配备无障碍电影志愿讲解队伍。

2013 年，上海"两会"开幕式首次设置手语翻译，为听障群体理解会议内容提供方便。商业电影院开始增设无障碍电影专场。全年无障碍电影放映场次达到 70 次。电影解说团队人数增加至 100 余人。宝山、嘉定等 9 个区为功能障碍者群体提供无障碍公共文化服务。

2015 年，上海市无障碍电影服务工作稳步推进。全市范围内，共计设立 60 多个社区无障碍电影放映点，成立专门的无障碍电影剧本撰稿团队（4 个），共计撰写电影剧本 35 部，委托广播电台录制 16 部。商业电影院全年放映无障碍电影 12 部，参与电影现场解说人次达到 204 次。

二、上海市部分公共环境无障碍程度现状

（一）人行道路

在人行道无障碍指标描述部分，仅对部分重要无障碍指标进行描述。

调查小组共计考察了 46 条人行道，其中 28.26% 的人行道盲道是连续的（没有出现截断现象）；84.78% 的盲道被物体占用，如：施工物品、自行车、私家车、商贩物品等；8.7% 的缘石坡道与水平面是没有任何高差；6.52% 的人行道设置较低的指示牌；超过一半（60.87%）的盲道颜色没有与相邻人行道颜色形成鲜明对比；71.74% 的人行道没有应设提示盲道，具体数据见图 5-2-2。

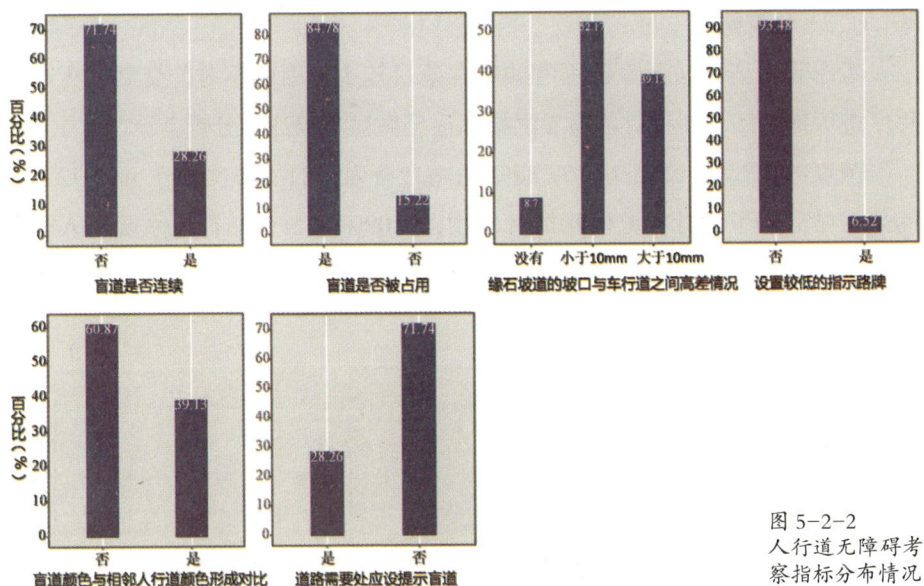

图 5-2-2
人行道无障碍考察指标分布情况

根据《无障碍设计规范》（GB50763-2012），在调查及分析中将人行道无障碍得分分为四部门：缘石坡道得分、盲道整体得分、提示盲道专门得分和行进盲道专门得分。被调查的全部的46条盲道，缘石坡道无障碍得分均分为53.70（95CI：50.43-56.74）；盲道整体得分均分为50.72（95CI：40.94-59.78）；提示盲道专门得分均分为70.11（95CI：57.07-82.07）；行进盲道专门得分均分为69.20（95CI：56.16-81.16）。总体来看，被调查的46条人行道无障碍得分均分为57.17（95CI：49.84-63.85）；结合从专家咨询获得的上海市人行道无障碍均分先验信息，上海市人行道无障碍得分均分为57.40（95UI：50.20-64.65）。见表5-2-1。

表5-2-1 人行道无障碍程度按要素描述性分析结果

	均数（95CI）*	中位数（四分位数间距）
缘石坡道	53.70（50.43-56.74）	60.00（50.00-60.00）
盲道整体	50.72（40.94-59.78）	66.67（12.50-79.17）
提示盲道	70.11（57.07-82.07）	100.00（6.25-100.00）
行进盲道	69.20（56.16-81.16）	100.00（8.33-100.00）
总体	57.17（49.84-63.85）	70.37（28.70-74.07）

*：Bootstrap percentile 置信区间，10000次重采样

（二）公交站

考虑到对公交站无障碍程度的考察条目较少，因此不对公交站的无障碍程度进行推断。下面将对各项考察指标逐条做简单描述性分析。

调查的22座公交站中，77.37%的站台有效通行宽度大于1.5m；72.73%的公交站分隔带设计不方便轮椅者使用；59.09%的公交站盲道系统与人行道盲道系统连接不上；没有一座公交站设立了盲文站牌和语音提示服务设施，见图5-2-3。

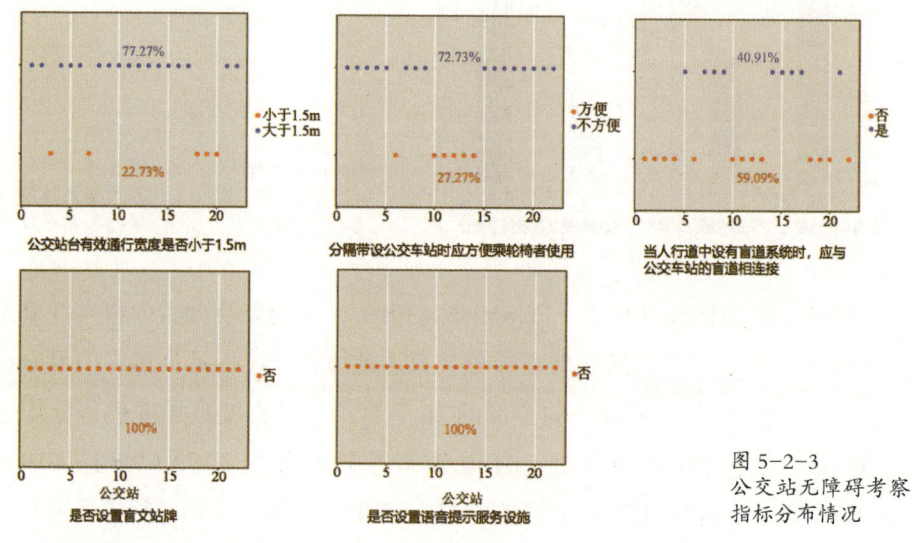

图5-2-3
公交站无障碍考察指标分布情况

（三）地铁站

被调查的33座地铁站中，平均被调查出入口数量（以下简称"出入口"）为3.5个，中位出入口数量为3个；能够换乘1条线的数量最多（73.76%），其次是2条线（15.15%）、3条线（6.06%）和4条线（3.03%），见图5-2-4。

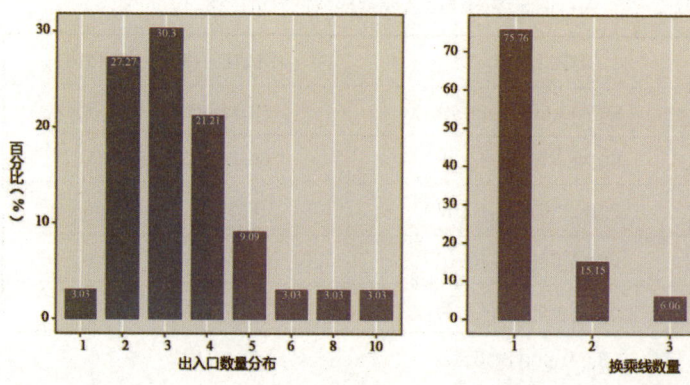

图5-2-4
地铁站无障碍考察基本情况

无障碍环境服务和无障碍软环境是侧重的关注指标，因此，着重描述地铁无障碍软环境相关建设指标。相关硬性指标通过计算汇总分数体现，不做逐条描述性分析。

被调查的33座地铁站中，接近1/3无障碍电梯需要人工开启（27.27%）；超过1/2的无障碍电梯口而不是电梯按钮处有盲道连接（54.55%）；全部无障碍电梯设置了相应标志（100%），然而，接近3/4的无障碍电梯标志不明显（72.73%）；大部分地铁站在站厅内部设置了无障碍设施标志（93.94%），然而，接近3/4的标志不明显（72.73%）。见图5-2-5。

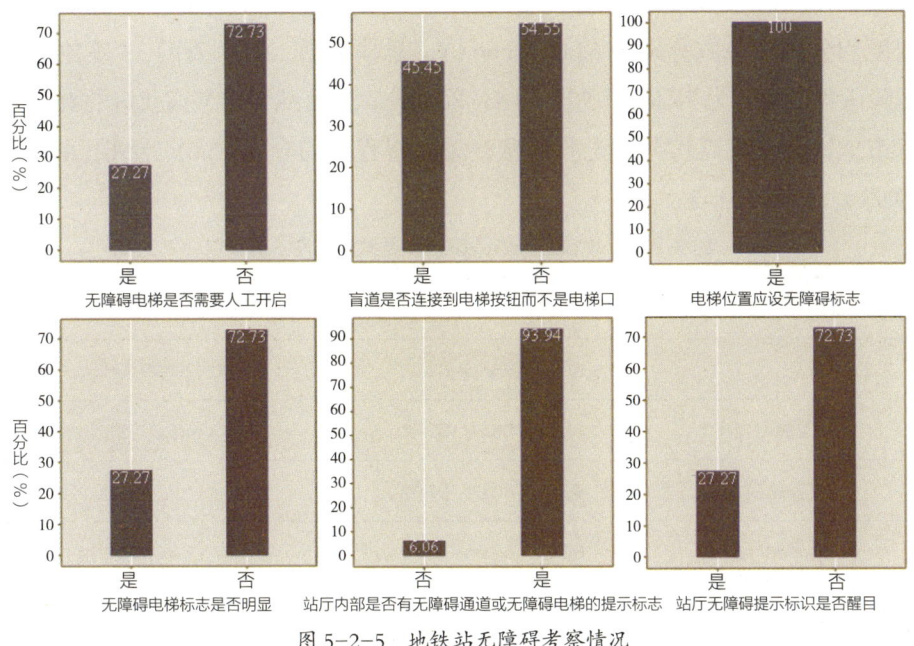

图5-2-5 地铁站无障碍考察情况

被调查的33座地铁站中，大部分地铁站站台门与车厢门之间具有10mm及以上高差（87.88%）；超过一半的站台门与车厢门之间有间隙差（60.61%）；超过一半的地铁站出车厢门后，无障碍电梯标志不容易找到（60.61%）。见图5-2-6。

按照考察维度，地铁站无障碍程度可从四个维度来衡量，即地铁站出入口、地铁站无障碍电梯、地铁站站台和地铁站站厅。

被调查的33个地铁站中，出入口无障碍程度均分和中位数分别为59.90和60.00；无障碍电梯无障碍程度均分和中位数分别为85.61和87.50；地铁

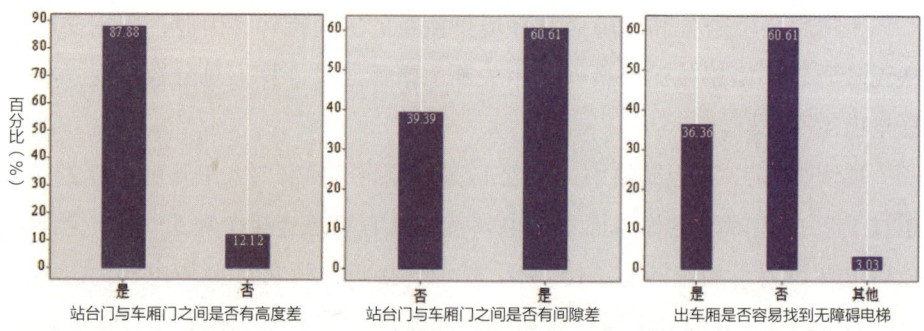

图 5-2-6　地铁站无障碍考察基本情况

站站台无障碍程度均分和中位数分别为 86.06 和 100.00；地铁站站厅无障碍程度均分和中位数分别为 63.64 和 66.67。总体来看，被调查的 33 座地铁站无障碍程度均分为 77.54（95CI: 74.51-80.46）；结合从专家咨询获得的有关上海市地铁站无障碍均分的先验信息，无障碍程度均分为 75.61（95UI: 47.60-99.93）。见表 5-2-2。

表 5-2-2　地铁站无障碍程度按要素描述性分析结果

	均数（95CI）*	中位数（四分位数间距）
地铁出入口	59.90（55.96-63.88）	60.00（50.00-66.67）
地铁无障碍电梯	85.61（82.20-89.02）	87.50（81.25-93.75）
地铁站台	86.06（80.00-91.52）	100.00（80.00-100.00）
地铁站厅	63.64（56.06-70.71）	66.67（50.00-83.33）
总体	77.54（74.51-80.46）	79.69（72.50-82.81）

*：Bootstrap percentile 置信区间，10000 次重采样

（四）标准化菜市场

被调查的 15 座某区标准化菜市场中，1/3 左右的入口被障碍物围堵（33.33%）；大部分菜市场位于一层（86.675%）；出入口类型以单独平坡为主（40.00%）；超过一半设有低位服务设施（66.67%），见图 5-2-7。

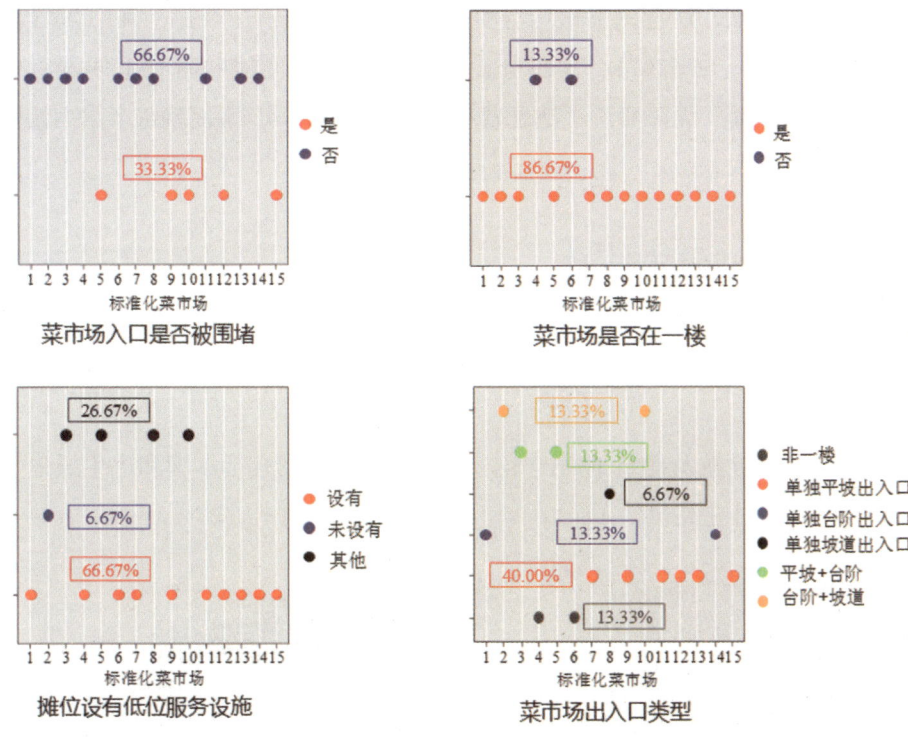

图 5-2-7 标准化菜市场无障碍考察情况

（五）图书馆

考虑到对图书馆无障碍程度的考察样本量较少，因此不对图书馆的无障碍程度进行推断。下面将对各项考察指标逐条做简单描述性分析。

共计调查了 6 个图书馆，图书馆进出口主要以设置两级台阶加无障碍坡道为主且有明显无障碍标志（66.67%），其余为平坡出入（33.33%）；绝大多数出入口配有防盗报警装置（83.33%），然而，仍有 1/3 的出入口不方便轮椅通过（33.33%）；大部分图书馆始于一层且仅作图书馆使用（66.67%），图书馆楼层中位数为 2 层。在图书馆进行查阅等操作时，大多数图书馆内走道和书架的间距对于轮椅等设备穿行并不友好，可自由穿行的仅有 1/3（33.33%）；同时，超过一半图书馆内没有低位设施如低位检索台或服务台（66.67%）。

被调查的 6 个图书馆中，均配有楼梯（100%），2/3 的楼梯有防滑措施（66.67%）；此外，图书馆的电梯配置率也达到了 100%，大部分符合无障碍电梯标准（66.67；有一半的电梯支持低位盲文选层和低位呼叫装置（50%）；66.67% 有反光镜面设置；所有电梯均有运行显示装置（100%）。

在厕所方面，所有图书馆均有明显的无障碍标识（100%），其中2/3具有无障碍设施（66.67%）：大部分设置了无障碍坐便器并附有坐便器栏杆（66.67%），然而，无障碍洗手池配置率较低（33.33%）。下面就每个图书馆做详细的案例展示。

1. 案例一

（1）图书馆室外环境。

（2）图书馆进出口。在图书馆的大门是两层高度的台阶，而在大门前的广场可以看到有无障碍坡道。无障碍坡道在草丛景观的背面，盆栽稍微遮挡视线。

（3）室内导航及建筑平面。馆内无布局图，仅设有指示牌和逃生通道，且指示牌均设计在高位。

图 5-2-8　图书馆室外环境

图 5-2-9　图书馆馆前

图 5-2-10　无障碍坡道

图 5-2-11 逃生通道示意图

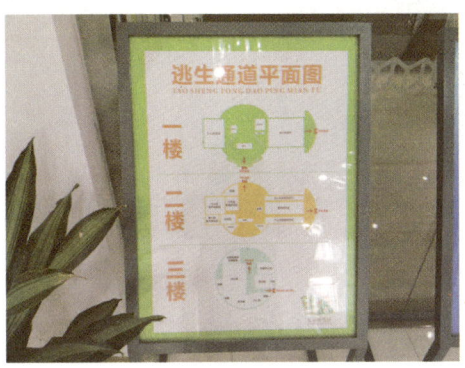

图 5-2-12
逃生通道示意图

（4）无障碍电梯。电梯完全符合无障碍电梯标准，但是未设置无障碍电梯标志。（图 5-2-13，电梯旁未设置无障碍标志；图 5-2-14、图 5-2-15，内部设计完全符合无障碍电梯标准。）

图 5-2-13　　　　　图 5-2-14　　　　　　图 5-2-15
无障碍电梯　　　　无障碍电梯低位装置　　无障碍电梯扶手及反光镜

(5)无障碍卫生间。卫生间内设有无障碍厕位、无障碍便斗,未设置无障碍洗手盆。无障碍厕位未标明,但配有坐便器两侧扶手,双侧均为水平方向的扶手,无垂直方向的扶手。无障碍便斗两旁装有扶手。

图 5-2-16　无障碍卫生间　　　　图 5-2-17　无障碍便斗

(6)楼梯。馆内楼梯为复式楼梯,图书馆层数少,楼梯设置简单。

图 5-2-18　楼梯

(7)检索台。馆内无检索台。

(8)图书馆出入口。图书馆出入口无闸机,有安检口,安检口宽度允许轮椅通过。

图 5-2-19　出入口

（9）藏书室。藏书室桌椅可移动，桌面下无设柜，桌面高度适中，方便使用轮椅的人能和健康人士一样在藏书室内看书。

图 5-2-20　藏书室

（10）盲文阅读室。图书馆内并没有专门设置视障阅览室，仅开辟盲文阅读角，且无盲文标识指路，馆内仅有少量盲文书籍，无其他辅助器具。

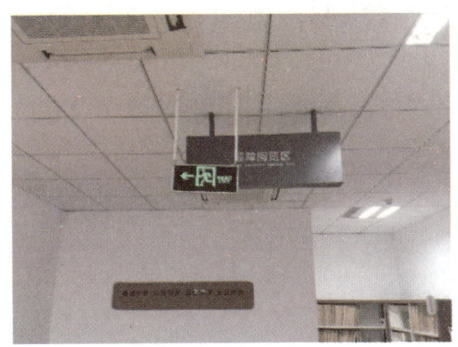

图 5-2-21　盲文阅读角

图 5-2-22　附盲文的格言

图 5-2-23　盲文书架

2. 案例二

（1）室外环境。

图 5-2-24
图书馆室外环境

（2）图书馆进出口。图书馆前的广场无任何台阶，平坡出入。

图 5-2-25
图书馆馆前

（3）室内导航及建筑平面图。图书馆门口设有布局图，但馆内仅设有指示牌，且指示牌均设计在高位。

图 5-2-26　高位指示牌

图 5-2-27　图书馆 1∶300 模型

（4）无障碍电梯。电梯未设置无障碍电梯标志，且内部无低位按键。图 5-2-28，电梯旁未设置无障碍标志；图 5-2-29、图 5-2-30，内部设计基本符合无障碍电梯标准，但缺少低位按键。

图 5-2-28 无障碍电梯

图 5-2-29 电梯内部

图 5-2-30 无障碍电梯扶手及反光镜

（5）无障碍卫生间。卫生间内设有无障碍厕位、无障碍便斗，未设置无障碍洗手盆。无障碍厕位有明确标出，但坐便器仅单侧设扶手；无障碍便斗的两旁均装有扶手。

图 5-2-31 无障碍厕所标志

图 5-2-32 无障碍卫生间

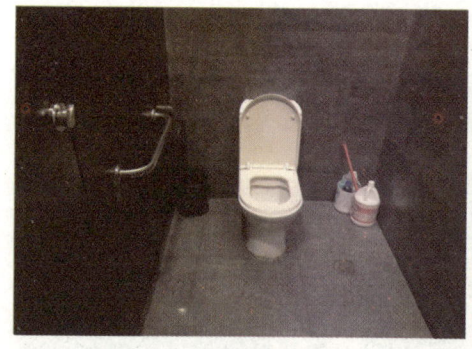 

图 5-2-33　无障碍坐便器　　　　　　图 5-2-34　无障碍便斗

（6）楼梯。图书馆层数少，楼梯设置简单。

图 5-2-35　楼梯

（7）检索台。图书馆的检索台并非低位设置，且并无容纳轮椅者腿部的空间。

图 5-2-36　检索台

（8）图书馆出入口。图书馆的出入口有安检通道，通道宽度允许轮椅通过。

图 5-2-37 图书馆出入口

（9）藏书室。藏书室内的桌椅可移动，桌面下无设柜，桌面高度适中，方便使用轮椅的人能和健康人士一样在藏书室内看书。

图 5-2-38 藏书室

（10）盲文阅读室。盲文阅读室在图书馆入口右侧，紧邻卫生间。阅读室与图书馆入口有盲道相连，但此次调查时阅读室锁门无法进入。阅读室门口并无盲文指示牌。

图 5-2-39 盲文阅读室

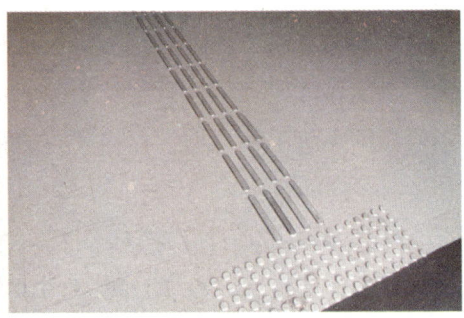

图 5-2-40 盲文阅读室前盲道

第三节　无障碍环境建设问题界定

一、无障碍环境建设问题多元途径界定

（一）基于政策现状导出的问题

基于上述政策文本变迁分析结果，共总结归纳出以下5类问题：（1）无障碍环境建设相关政策目标较为广泛性；（2）无障碍环境建设相关政策措施缺乏特异性；（3）无障碍环境建设相关政策执行责任划分不清楚；（4）相关政策缺乏必要的违规行为惩罚措施；（5）政策缺乏无障碍环境建前、建中和建后的评价和监督机制的相关要求。具体见表5-3-1。

表5-3-1　基于政策文本变迁分析导出的问题

序号	问题描述	维度
1	无障碍环境建设相关政策目标较为广泛性	管理价值理念
2	无障碍环境建设相关政策措施缺乏特异性	管理价值理念
3	无障碍环境建设相关政策执行责任划分不清楚	管理体制和机制
4	相关政策缺乏必要的违规行为惩罚措施	管理环节
5	政策缺乏无障碍环境建前、建中和建后的评价和监督机制的相关要求	管理环节

（二）基于学术文献导出的问题

从学术文献中搜寻问题主要通过利用中国知网，根据制定检索式，系统检索我国无障碍环境建设相关文献。基于建立文献评阅库，确定评阅指标，摘取我国无障碍环境建设存在问题的相关内容，总结和提取我国无障碍环境建设存在的问题。

具体检索式为：TI=("无障碍"+"通用设计") AND SU=("问题"+"不足")，无其他限制，检索时间为2019年4月8日，检索结果为255条。在排除93篇不相关文献后，共计纳入162篇文献用于问题界定，最终界定出31

类问题。具体问题见表5-3-2。

表5-3-2 基于学术文献导出的问题

序号	问题描述	一级维度
1	建成无障碍环境/设施的数量和质量不平衡：追求数量，忽略质量	管理结果
2	无障碍环境建设未能基于使用者需求开展、缺少人文关怀，导致建成无障碍设施"形同虚设"	管理结果
3	无障碍环境规划/建设和社会需求不匹配，忽略需求，造成不适宜的无障碍环境资源投入	管理环节
4	通用设计理念应用于无障碍环境建设处于初级阶段，未能深入	管理理念、外部支持
5	设计师、社会公众对通用设计存在误解，仍旧认为通用设计理念专为残疾人	管理理念、外部支持
6	无障碍软环境建设落后于物质环境建设，例如无障碍环境标志、无障碍服务缺乏或设置不合理	管理环节
7	无障碍环境建设质量的评估机制薄弱	管理环节
8	无障碍环境政策法规中的惩罚措施过于温和，强制力度低	管理环节
9	针对无障碍环境建设的专项资金投入缺乏	管理环节
10	建成无障碍环境/设施的监督手段少	管理环节
11	管理部门对无障碍环境建设的重视程度不足	管理体制和机制
12	我国无障碍环境设计体系参考西方国家，适宜于我国人体工程学的无障碍环境设计体系缺乏	外部支持
13	企业参与无障碍环境建设程度低	管理环节
14	建成无障碍环境/设施的监督主体单一，甚至缺乏该环节	管理环节
15	无障碍环境建设专业人力资源不足	管理环节
16	无障碍环境建设施工、管理等各主体之间缺乏水平沟通和协作	管理体制和机制
17	建成无障碍设施出现被损坏、占用和侵占等不合规现象，可使用性和实用性低	管理结果
18	无障碍环境实际施工过程中规范和标准遵循程度低	管理环节
19	无障碍环境建设走在管理前面，规划、施工、完工和使用、监督、维护等系列环节脱节，呈现碎片化，系统性低	管理环节
20	无障碍环境建设相关政策措施缺乏特异性	管理环节
21	公众无障碍环境概念和意识薄弱，社会无障碍氛围薄弱	管理理念
22	残障人士、老年人、社会公众和社会组织参与无障碍环境建设决策程度低，即政府、个人和社会在无障碍环境建设方面合作程度低	管理环节和体制机制

续表

序号	问题描述	一级维度
23	无障碍环境建设中的全程随访与监督力度薄弱	管理环节
24	无障碍环境建设主管部门的无障碍宣传力度低下	管理理念
25	无障碍环境建设执行和管理主体分工笼统，责任模糊	管理体制和机制
26	无障碍配套设施和产品不完善导致无障碍设施的使用性低	管理环节
27	建成无障碍环境/设施验收力度薄弱，验收主体单一化	管理环节
28	无障碍环境建设相关政策目标较为广泛，集中度较低	管理环节
29	城市无障碍环境/设施覆盖率低	管理结果
30	无障碍建设前，缺乏理论化、系统化、专业化规划和指导	管理环节
31	无障碍环境教育开展程度低下，院校内相关课程和培训不足	外部支持

（三）基于需方分析导出的问题

将残疾人家园论坛帖子文本分析、使用者访谈资料分析和社会公众网络调查分析结果结合，共总结出以下5类问题：（1）使用者对当前无障碍环境建设缺乏足够信心；（2）使用者无障碍环境满意度较低；（3）无障碍设施体验好感度低；（4）不知道身边有无障碍设施；（5）不知道如何使用无障碍设施。见表5-3-3。

表5-3-3　基于使用者相关分析导出的问题

序号	问题	维度
1	使用者对当前无障碍环境建设缺乏足够信心	管理结果
2	使用者无障碍环境满意度较低	管理结果
3	无障碍设施体验好感度低	管理结果
4	不知道身边有无障碍设施	管理结果
5	不知道如何使用无障碍设施	管理结果

（四）基于二手数据导出的问题

通过对全国和上海层面的二手数据分析，共总结出以下4类问题：（1）无障碍环境建设相关政策措施缺乏特异性；（2）无障碍环境建设区域不平衡；（3）无障碍建设前缺乏专业化规划和指导；（4）无障碍环境建设相关政策执行过程存在偏差。见表 5-3-4。

表 5-3-4　基于二手数据导出的问题

序号	问题	维度
1	无障碍环境建设相关政策措施缺乏特异性	管理环节
2	无障碍环境建设区域不平衡	管理环节
3	无障碍建设前缺乏专业化规划和指导	管理环节
4	无障碍环境建设相关政策执行过程存在偏差	管理环节

（五）基于上海现场导出的问题

基于上海市典型公共环境无障碍考察数据分析结果，共总结出以下 12 类问题，见表 5-3-5。

表 5-3-5　基于上海现场调查导出的问题

序号	问题	维度
1	建成无障碍设施出现被损坏、占用和侵占等不合规现象，可使用性和实用性低	管理结果
2	无障碍标志、无障碍服务不到位	管理结果
3	无障碍环境实际施工过程中规范和标准遵循程度低	管理环节
4	无障碍环境建设中的全程随访与监督力度薄弱	管理环节
5	地铁无障碍设施在硬件设置方面逐渐完善，但无障碍软环境尚待提升	管理结果
6	站内和站外无障碍标志系统的规范性和清晰性尚待提升	管理结果
7	无障碍设施的设置亟待提升精细化程度等	管理环节
8	盲道铺设数量和覆盖率理想，但盲道被占用现象严重	管理结果
9	建成盲道的合规性较差	管理结果
10	动态和持续巡查、反馈和维护机制亟须建立起来	管理环节
11	站台标志和语音辅助不乐观	管理结果
12	站台系统内，提示盲道设置不全	管理结果

二、无障碍环境建设问题清单形成

在对上述 5 个途径搜集的问题进行合并同类项、进一步整理和归纳后，最后形成 34 类我国无障碍环境建设领域主要问题，具体情况见表 5-3-6。

表 5-3-6 无障碍环境建设问题清单

序号	问题描述	文献资料	政策分析	网络文本和访谈需方	二手数据分析	现场调研	所属一级维度
1	建成无障碍环境/设施的数量和质量不平衡：追求数量，忽略质量	○		○			管理结果
2	无障碍环境建设未能基于使用者需求开展，缺少人文关怀，导致建成无障碍设施"形同虚设"	○		○			管理结果
3	无障碍环境规划/建设和社会需求不匹配，忽略需求，造成不适宜的无障碍环境资源投入	○					管理环节
4	通用设计理念应用于无障碍环境建设处于初级阶段，未能深入	○		○			管理价值理念
5	设计师、社会公众对通用设计存在误解，仍旧认为通用设计理念专为残疾人	○		○			管理价值理念
6	无障碍软环境建设落后于物质环境建设，例如无障碍环境标志、无障碍服务缺乏或设置不合理	○				○	管理环节
7	无障碍环境建设质量的评估机制薄弱	○					管理体制和机制
8	无障碍环境政策法规中的惩罚措施过于温和，强制力度低		○		○		管理环节
9	针对无障碍环境建设的专项资金投入缺乏	○					管理体制和机制
10	建成无障碍环境/设施的监督手段少	○		○			管理环节
11	管理部门对无障碍环境建设的重视程度不足	○					管理环节

第五章 无障碍环境建设现状与问题分析

续表

序号	问题描述	文献资料	政策分析	网络文本和访谈需方	二手数据分析	现场调研	所属一级维度
12	我国无障碍环境设计体系参考西方国家，适宜于我国人体工程学的无障碍环境设计体系缺乏	○					外部支持
13	企业参与无障碍环境建设程度低	○					管理体制和机制
14	建成无障碍环境/设施的监督主体单一，甚至缺乏该环节	○					管理环节
15	无障碍环境建设专业人力资源不足	○					管理体制和机制
16	无障碍环境建设施工、管理等各主体之间缺乏水平沟通和协作	○					管理体制和机制
17	建成无障碍设施出现被损坏，占用和侵占等不合规现象，可使用性和实用性低	○		○		○	管理结果
18	无障碍环境实际施工过程中规范和标准遵循程度低	○				○	管理环节
19	无障碍环境建设走在管理前面，规划、施工、完工使用、监督、维护等系列环节脱节，呈现碎片化、系统性低	○					管理体制和机制
20	无障碍环境建设相关政策措施缺乏持异性	○	○				管理环节
21	公众（使用者）对当前无障碍环境建设缺乏足够信心	○		○			管理结果
22	公众无障碍环境概念和意识薄弱，社会无障碍氛围薄弱			○			管理价值理念

续表

序号	问题描述	文献资料	政策分析	网络文本和访谈需方	二手数据分析	现场调研	所属一级维度
23	残障人士、老年人、社会公众和社会组织参与无障碍环境建设决策程度低，个人和社会在无障碍环境建设方面合作程度低	○					管理体制和机制
24	公众（使用者）对建成无障碍环境/设施满意度低、好感度低	○	○	○		○	管理结果
25	无障碍环境建设中的全程随访与监督力度薄弱	○	○	○			管理环节
26	无障碍环境建设主管部门的无障碍宣传力度低下	○	○				管理环节
27	无障碍环境建设执行和管理主体分工笼统，责任模糊	○	○				管理体制和机制
28	无障碍配套设施和产品不完善导致无障碍设施的使用性低	○					管理体制和机制
29	建成无障碍环境/设施验收力度薄弱，验收主体单一化	○					管理结果
30	无障碍环境建设相关政策目标较为广泛，集中度较低	○		○			管理体制和机制
31	城市无障碍环境/设施覆盖率低	○		○			管理结果
32	公众（使用者）不知道如何使用无障碍设施	○					管理结果
33	无障碍建设前，缺乏理论化、系统化、专业化规划和指导	○			○		管理环节
34	无障碍环境教育开展程度低下，院校内相关课程和培训不足	○					外部支持

三、无障碍环境建设关键问题确认

因无障碍环境建设领域文献的滞后性、跨学科性等特点，采用文献提及比例指标来确定各问题的权重和排序，可能不能真正反映问题属性。且对于非文献途径界定的问题，无法获取文献提及比例指标。因此，关键问题确认采用专家咨询，获取问题权重，进而确定问题的排位（主观权重法）。

专家咨询过程中，共邀请上海市无障碍环境建设督导大队 50 名资深队员和管理人员作为咨询专家，对界定的问题在重要性、严重性和可解决/缓解性维度发表意见，采用 1—10 李克特量表评分形式实现。1 代表程度最低，10 代表程度最高。共计 36 名专家应答。从专家处获得严重性、重要性和可解决/缓解性三个维度的分数向量。对于特定问题，如果其重要，但可能不严重，因此不能成为当前关键问题；既重要又严重的问题，但可解决性较低，因此，也不能成为当前关键问题。假设重要性、严重性和可解决/缓解性三个维度在界定关键问题过程中，贡献度递增，因此对于上述三个维度分别分配 0.2（重要性）、0.3（严重性）和 0.5（可解决/缓解性）权重，从而综合三个维度的分数向量，进而综合三个维度，得出最终权重和排序并界定关键问题。此外，通过客观综合方法（熵权法）决定最终三个维度的权重，从而评价初始主观权重对关键问题界定的稳定性。

选取 34 个问题排序的第一四分位数（25%）组为关键问题，即在此次界定关键问题中，排序前 9 的问题为关键问题。

（一）专家基本信息

共计收到 36 名专家的反馈。专家专业或领域方面，来自卫生管理、社会学及残疾领域的专家共有 18 人，占专家总数的 50%；工作年限方面，专家工作 8—15 年的有 14 人，所占比例最多，为 38.89%，其次为工作 > 15 年，有 12 人，占 33.33%；职称方面，初级和中级职称分别有 6 人和 4 人，占 8.33% 和 19.44%；教育程度方面，本科及以上水平的专家最多，有 21 人，占 58.33%，其次为大专文化，有 11 人，占 30.55%。专家详细信息汇总见表 5-3-7。

表 5-3-7　评分专家基本信息

专业或领域	n（%）	工作年限	n（%）	职称	n（%）	教育程度	n（%）
卫生管理	3（8.33）	0–4 年	6（16.67）	初级	3（8.33）	大专以下	3（8.33）
社会学	11（30.55）	4.1–8	4（11.11）	中级	7（19.44）	大专	11（30.55）
残疾领域	4（11.11）	8.1–15	14（38.89）	无	19（52.78）	本科及以上	21（58.33）
其他	18（50.00）	>15 年	12（33.33）	其他	7（19.44）	其他	1（2.78）

（二）重要性、严重性和可解决性评分

重要性评分方面，最高均分出现在问题 20 和 24，均为 8.19 分；严重性评分方面，最高均分出现在问题 24，为 7.78 分；可解决性评分方面，最高均分出现在问题 7，为 7.08 分。更多信息见表 5-3-8。

表 5-3-8　问题评分分布情况

序号	重要性评分（均数[SD]）	严重性评分（均数[SD]）	可解决性评分（均数[SD]）
1	7.61（1.96）	7.03（1.63）	6.28（1.68）
2	7.58（2.13）	7.06（1.93）	6.14（1.48）
3	7.69（1.83）	6.97（1.75）	6.47（1.61）
4	7.39（2.33）	7（2.08）	6.08（2.2）
5	7.75（1.87）	7.25（1.92）	6.61（1.71）
6	7.92（1.76）	7.5（1.63）	6.92（1.75）
7	7.72（1.97）	6.97（2.1）	7.08（2.06）
8	7.81（1.85）	7.03（1.86）	6.11（1.72）
9	7.61（1.93）	6.83（2.02）	6.61（1.71）
10	7.11（1.86）	6.39（1.48）	6.31（1.41）
11	7.67（2）	6.75（1.71）	6.25（1.56）
12	7.64（2.15）	6.97（1.87）	6.25（1.73）
13	7.69（1.89）	7.03（1.84）	6.31（1.47）
14	7.31（2.23）	6.5（1.96）	6.5（1.68）
15	7.64（2.13）	7.08（1.87）	6.42（1.57）

续表

序号	重要性评分 (均数[SD])	严重性评分 (均数[SD])	可解决性评分 (均数[SD])
16	7.72(1.97)	7.17(1.75)	6.83(1.38)
17	7.61(2.18)	6.92(1.9)	6.28(1.65)
18	8(1.72)	7.28(1.75)	6.89(1.77)
19	7.94(1.88)	7.14(1.78)	6.69(1.58)
20	8.19(1.65)	7.47(1.65)	6.81(1.56)
21	8(2.22)	7.06(1.84)	6.44(1.63)
22	7.81(1.86)	6.86(1.59)	6.69(1.56)
23	7.97(1.81)	7.03(1.81)	6.47(1.65)
24	8.19(1.7)	7.78(1.57)	7.03(1.66)
25	7.72(2.22)	7.36(1.96)	6.5(1.72)
26	7.72(2.12)	6.86(1.87)	6.22(1.62)
27	7.83(2.04)	7(1.94)	6.5(1.78)
28	7.89(2.07)	7.42(1.96)	6.39(1.59)
29	7.78(1.69)	6.94(1.47)	6.86(1.46)
30	7.64(1.91)	6.92(1.48)	6.5(1.38)
31	7.81(2.23)	7.14(1.88)	6.44(1.7)
32	7.53(1.87)	6.78(1.74)	6.31(1.62)
33	7.67(1.97)	6.89(1.56)	6.56(1.46)
34	7.75(1.87)	6.81(1.56)	6.5(1.48)

注：问题序号对应的具体问题见表5-3-6；SD，标准差

（三）重要性、严重性和可解决性总分

对重要性评分总分、严重性评分总分和可解决性评分总分进行加权计算后，得出34个问题的最终排序，见表5-3-9。

表 5-3-9 问题评分分布和排序情况

问题序号	重要性总分	严重性总分	可解决性总分	排序
1	274	253	226	24
2	273	254	221	29
3	277	251	233	19
4	266	252	219	33
5	279	261	238	9
6	285	270	249	2
7	278	251	255	5
8	281	253	220	27
9	274	246	238	17.5
10	256	230	227	34
11	276	243	225	31
12	275	251	225	25
13	277	253	227	23
14	263	234	234	32
15	275	255	231	20
16	278	258	246	6
17	274	249	226	26
18	288	262	248	4
19	286	257	241	7
20	295	269	245	3
21	288	254	232	13.5
22	281	247	241	12
23	287	253	233	13.5
24	295	280	253	1
25	278	265	234	10
26	278	247	224	28

续表

问题序号	重要性总分	严重性总分	可解决性总分	排序
27	282	252	234	16
28	284	267	230	11
29	280	250	247	8
30	275	249	234	21
31	281	257	232	15
32	271	244	227	30
33	276	248	236	17.5
34	279	245	234	22

注：问题序号对应的具体问题见表 5-3-6

（四）权重敏感性分析

采用熵权法和不设权重两种方法对界定的问题进行排序，结果显示，对于界定的前 9 位问题，主观权重法与上述两种方法表现出很高的一致性，Kendall 一致性系数为 0.994（0—1 之间，越高，表示一致性越高），这提示使用主观权重法界定关键问题具有稳定性，见图 5-3-1。

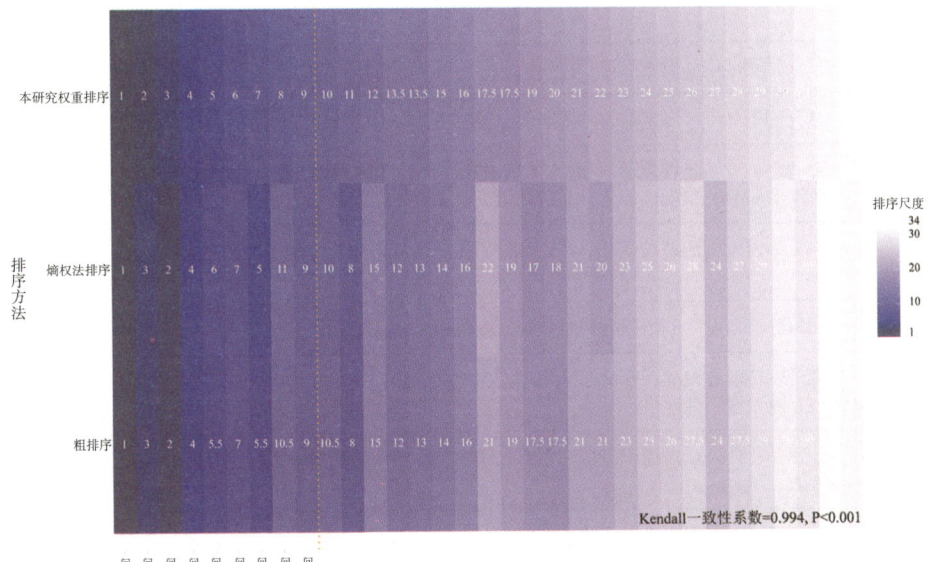

图 5-3-1　三种方法界定的前 9 位问题（颜色越一致，表示一致性越高）

(五) 无障碍环境建设关键问题清单

经过排序,最终选择第一四分位数组,即排序 1—9 位的问题为关键问题,见表 5-3-10,分别为:

(1) 建成无障碍环境/设施监督手段少。

(2) 建成无障碍环境/设施验收力度薄弱,验收主体单一化。

(3) 无障碍环境建设走在管理前面,规划、施工、完工和使用、监督、维护等系列环节脱节,呈现碎片化,系统性低。

(4) 建成无障碍设施出现被损坏、占用和侵占等不合规现象,可使用性和实用性低。

(5) 无障碍环境建设中的全程随访与监督力度薄弱。

(6) 无障碍软环境建设落后于物质环境建设,例如无障碍环境标志、无障碍服务缺乏或设置不合理。

(7) 设计师、社会公众对通用设计理念存在误解,仍旧认为通用设计理念专为残疾人。

(8) 公众(使用者)不知道如何使用无障碍设施。

(9) 无障碍环境实际施工过程中规范和标准遵循程度低。

表 5-3-10 无障碍环境建设关键问题清单

排序	问题	一级维度
1	建成无障碍环境/设施监督手段少	管理环节
2	建成无障碍环境/设施验收力度薄弱,验收主体单一化	管理环节
3	无障碍环境建设走在管理前面,规划、施工、完工和使用、监督、维护等系列环节脱节,呈现碎片化,系统性低	管理体制和机制
4	建成无障碍设施出现被损坏、占用和侵占等不合规现象,可使用性和实用性低	管理结果
5	无障碍环境建设中的全程随访与监督力度薄弱	管理环节
6	无障碍软环境建设落后于物质环境建设,例如无障碍环境标志、无障碍服务缺乏或设置不合理	管理环节
7	设计师、社会公众对通用设计理念存在误解,仍旧认为通用设计理念专为残疾人	管理价值理念
8	公众(使用者)不知道如何使用无障碍设施	管理结果
9	无障碍环境实际施工过程中规范和标准遵循程度低	管理环节

第四节 上海市无障碍环境建设规范差距分析

一、规范差距分析基本思路和步骤

规范差距分析在经济学研究领域又被称为"规范分析",它以一定的价值判断为基准,聚焦经济活动中的评价问题。基于规范差距分析,上海市无障碍环境建设规范差距分析将尝试回答以下问题:无障碍环境建设价值理念、体制机制、环节和结果有什么标准?如有相关标准,现实情况与这些标准是否有差距?程度如何?

借鉴已形成的"规范差距分析法",其操作过程可以分为以下几个步骤:

(1)确定规范差距分析指标。

(2)搜集指标标准。

(3)获取指标实际值。

(4)开展规范差距分析。

(5)解释分析结果。

根据现实情况与标准的差距,规范差距分析结果可以分为正差距、零差距和负差距。正差距表示现实情况与标准存在差距,零差距表示现实情况符合标准,负差距表示现实情况在标准之上。

二、上海市无障碍环境建设规范差距分析

(一)确定上海市无障碍环境建设指标数值

对于无障碍硬环境建设,基于上海市部分公共环境无障碍程度调查数据及二手数据,选择上海市地铁站和标准化菜市场无障碍建设指标,为了减少测量误差,指标选择原则以客观和测量简单的指标为主。由于上海市有超过千条道路,而前期只调查了不足50条道路,分析功效差,故没有选择人行道

指标做规范差距分析。同时，政府网站无障碍相关指标、信息无障碍相关指数、无障碍环境建设检查次数和无障碍环境建设培训人次也被纳入作为规范差距分析指标。

此外，考虑将相关定性无障碍环境建设指标，与建立的无障碍环境建设理论框架进行对比，通过定性描述，分析差距。具体指标见表5-4-1。

表5-4-1 规范差距分析指标及数值

微观指标：地铁站				
序号	指标	性质	数值	数值来源
1	无障碍电梯设置率	定量	100	现场调查
2	候梯厅深度达标率	定量	90.91	现场调查
3	电梯呼叫按钮高度达标率	定量	81.82	现场调查
4	电梯门洞宽度达标率	定量	90.91	现场调查
5	电梯出入口盲道设置率	定量	93.94	现场调查
6	候梯厅显示和语音设置率	定量	72.73	现场调查
7	轿厢门开启宽度达标率	定量	100	现场调查
8	轿厢内盲文按钮设置正确率	定量	81.82	现场调查
9	轿厢内扶手设置正确率	定量	93.94	现场调查
10	轿厢内显示和语音设置率	定量	75.76	现场调查
11	轿厢内镜面设置正确率	定量	96.97	现场调查
12	轿厢尺寸规格达标率	定量	90.91	现场调查
13	无障碍电梯标志设置率	定量	100	现场调查
14	站厅无障碍电梯可到达站台率	定量	96.97	现场调查
15	站厅无障碍检票口无障碍通道设置率	定量	87.88	现场调查
16	站厅内部无障碍标志设置率	定量	93.94	现场调查
17	站台无障碍电梯出口盲道至上车口连接率	定量	81.82	现场调查
18	站台行进盲道设置率	定量	81.82	现场调查
19	站台提示盲道设置率	定量	81.82	现场调查

续表

微观指标：标准化菜市场					
序号	指标	性质	数值	数值来源
20	菜市场出入口被围挡率	定量	33.33	现场调查
21	菜市场出入口通行宽度达标率	定量	73.33	现场调查
22	菜市场低位服务设施设置率	定量	66.67	现场调查
23	服务设施轮椅回转空间规格达标率	定量	100	现场调查
24	菜市场室内走道宽度达标率	定量	100	现场调查
25	菜市场室内走道平整率	定量	93.33	现场调查
26	菜市场室内走道防滑率	定量	93.33	现场调查

中观指标				
序号	指标	性质	数值	数值来源
27	政府公共服务网站无障碍覆盖率（2019）	定量	89.47	二手数据
28	省级政府门户网站无障碍服务能力指数（2019）	定量	86.88	二手数据
29	省级政务服务网站无障碍服务效能指数（2019）	定量	87.88	二手数据
30	各省县区以上政府门户网站无障碍建设指数（2019）	定量	100	二手数据
31	无障碍环境建设培训人次（2018）	定量	2016	二手数据
32	无障碍环境建设检查次数（2018）	定量	709	二手数据

定性指标				
序号	指标	性质	数值	数值来源
33	体制和机制情况	定性	—	文献资料
34	无障碍理念情况	定性	—	文献资料
35	无障碍环境建设外部支持系统情况	定性	—	文献资料

（二）确定上海市无障碍环境建设指标标准

对于正向定量指标，以100%作为标准，评价尺度为《无障碍设计规范》（GB50763-2012），此标准适用于以下指标：1—19，21—26；指标20菜市场出入口被围挡率为负向指标，以0%作为标准；指标29政府公共服务网站无障碍覆盖率（2019）以100%为标准；因指标28—30是具有全国范围内排名，故以排名第一的数值为标准，分别为：89.92（北京）、88.76（北京）和100（上海）；对于指标31无障碍环境建设培训人次（2018）和32无障碍环境建设检查次数（2018），因没有横向对比标准，故采用纵向标准，利用其在2017年的数值作为标准。见表5-4-2。

对于定性指标，无障碍环境建设和管理体制机制情况指标以前期界定的理论框架中相应的体制机制为标准，由于理论框架过于概念化，所以，将体制和机制标准归纳为：是否具有多元联动主体、是否主体间具有协作互补机制、机制是否彻底贯彻和执行。由于无障碍理念宣传情况指标无相关标准，采用定性描述其现状和可能的改进空间。

表5-4-2 规范差距分析指标标准界定及依据

指标序号	标准	标准依据
1–19，21–26	100	使用者通达性角度、《无障碍设计规范》（GB50763-2012）
20	0	同上
27	100	使用者通达性
28	89.92	同期排名第一的值
29	88.76	同上
30	100	使用者通达性角度
31	2949	纵向比较
32	1791	同上

（三）上海市无障碍环境建设差距

1.定量指标规范差距分析

从图5-4-1可以看出，上海市地铁站无障碍设施距离相应标准存在正向差距，主要表现在无障碍电梯的语音和显示装置，仍有部分无障碍电梯的语音和显示装置处于空缺状态，这或给视障和听力障碍者带来通行障碍。在标准化菜市场无障碍设施方面，主要是低位服务设施和菜市场出入口宽度方面存在差距。在信息无障碍方面，上海市与国内同期第一存在正向差距。在无障碍环境建设检查次数和培训人次方面，与去年同期相比，存在正向差距。

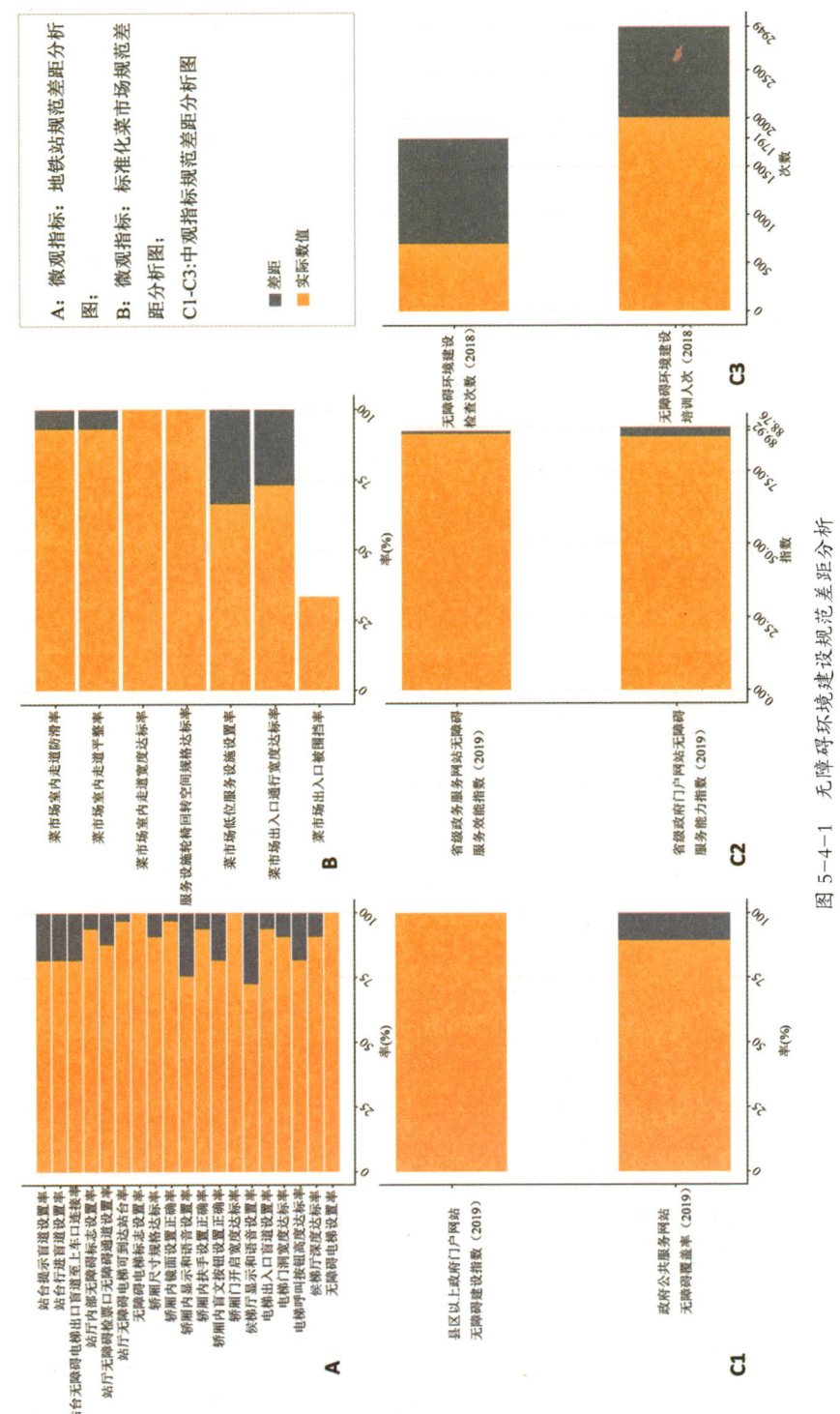

图 5-4-1 无障碍环境建设规范差距分析

2.定性指标规范差距分析

（1）无障碍环境建设体制和机制情况

在无障碍环境建设体制和机制方面，目前上海已经建立起联席会议制度和三级督导网络。由上海市住房和建设委员会、市老龄化办公室、市残疾人联合会和市民政局等部门联合组建上海市无障碍环境建设推进工作联席会议，联席会议办公室设在市残疾人联合会。除了在市级层面建立联席会议制度外，上海市各区也建立起相关工作制度。可以看出，上海市在无障碍环境建设方面已经建立起多层次区域化的协作平台和机制。

联席会议涉及主体通过专家咨询、现场考察、座谈会、意见征集等渠道对全市无障碍环境建设工作考核和评价，将考核和评价结果对社会公开，同时接受社会和公众的监督。

此外，在无障碍环境建设方面，上海市还设立了无障碍设施建设督导总队设在市残联。无障碍设施建设督导总队每年接收由市财政拨发的固定经费。工作机制为：聘请退休并且热爱无障碍事业的残疾人对全市相关无障碍设施进行核验和监督，并给予他们一定的工作津贴。总队下设若干大队并指导大队工作。上海市无障碍设施建设督导大队从横向层面同相关单位开展协作，例如对违规或缺失的无障碍设施不按要求整改的，联合相关部门进行处罚。

就无障碍环境建设体制和机制建设方面，虽然上海已走在全国前列，且取得显著成果，如上海市多个区被国家住建部等评为"全国无障碍建设示范区"，但距离"多元主体、高效机制"的无障碍环境建设管理体制和机制尚存差距，例如，建立的联席会议制度几乎没有开展，建立的协作机制形同虚设等。

（2）无障碍环境建设宣传情况

上海市无障碍环境建设和管理过程缺乏"优先意识"。无障碍环境建设事业在社会其他建设事业中无法被优先关注，这意味着政府和社会对无障碍环境建设的资源投入是相对较少的。缺乏相关资源，无障碍环境建设就难以持续和完善。实际上，不应该以"是否重要"作为无障碍环境建设是否应被关注和投入的判断标准。无障碍环境建设应该是一种"社会优先"。如果不将"优先意识"注入无障碍环境建设，那么我们将会看到，盲道被随意占用，无障碍厕所被随意占用，无障碍车位被占用等现象。所以，没有优先的无障碍环境建设意识，就没有完善的无障碍环境。

目前上海市轨道交通无障碍设施的服务对象尚存争议。运营方认为轨道交通无障碍设施主要为残疾人服务，其中部分设施（如宽闸机）也可为老年人、大件行李携带者等所使用；而公众的普遍观点是无障碍设施主要为残疾人服务，对普通大众并无多大便利。

由于"无障碍设施为所有人服务"的先进理念尚未在国内得到推广，导致在无障碍设施服务对象定位上的差异，而这又将直接影响到无障碍设计、建设以及服务管理。如无障碍设计中多是为残疾人使用的专用、封闭系统，而不是惠及所有人的通用设计。

上述提示，无障碍环境相关理念在公众和社会中并未深入传播，理解也未到位。

第六章
无障碍环境建设影响因素分析

第一节　无障碍环境建设关键问题精确界定

在上一章节的内容中，我们找到了影响无障碍环境建设的关键问题。找准问题只是解决问题的众多前置环节之一，并不意味着问题的解决。对于特定的关键问题，还必须明确它的影响因素，才能为搜寻解决关键问题的措施和策略奠定信息基础。本章节基于上一章节界定的关键问题，基于"问题概括描述—问题重要性、严重性描述—总结"逻辑，首先对关键问题做出精确的界定，并描述其重要性和严重性，然后再利用诊断树分析法和逻辑分析法界定和分析其影响因素。

一、建成无障碍环境/设施的监督手段少

这一问题具体表现为社会组织、群众及管理部门专职工作人员对建成无障碍环境/设施进行监督时，缺乏明晰的监督手段，或是不知道向哪一个部门、基于哪一种渠道反馈监督意见和建议。

建成多元和通畅的无障碍环境监督意见反馈渠道不仅能够促进无障碍环境建设管理部门及时获取建成无障碍环境现况和可能出现的问题，而且能够促进社会组织、公众等对建成无障碍环境/设施的监督积极性。多中心治理理论强调在公共服务提供过程中，由于主体特点和力量具有差异性，需要采取合作策略以提高公共服务供给质量。因此，在建成无障碍环境监督过程中，需要社会组织和公众的参与，而多样化和顺畅的监督手段和渠道则是保障积极参与的重要基础。

当然，如果缺乏便捷监督方式和多元化监督渠道，多元主体的监督积极性可能会受到负面影响，监督主体"有话说不出"和"有话不愿意说"等问题会更加严重，这将会加剧当前建成无障碍环境监督工作低效性。

总之，建成无障碍环境监督手段少，一方面使得管理主体难以及时掌握

建成无障碍设施动态和问题；另一方面降低社会多主体的监督积极性。

二、建成无障碍环境/设施验收存在问题

这一问题包含两个方面：一是验收力度薄弱，二是验收主体单一化。首先，对于建成无障碍环境，规定的主体在验收时，没有按照既定规范和标准进行验收，验收标准不合规范。对于特定无障碍设施，甚至缺乏验收环节；其次，对特定无障碍设施验收时，往往由公共行政部门管理人员进行验收，而无障碍设施服务对象——功能障碍人群、失能老年人群、孕产妇等——则没有或很少作为验收主体被引入到验收程序当中。

严格遵循标准对建成无障碍设施进行验收是保证建成设施符合特定无障碍设计规范和标准的重要一步，对建成无障碍设施质量产生重要影响。是否遵循标准开展验收工作，对建成无障碍设施的可使用性具有重要影响。而是否引入使用方作为验收主体、是否提升验收主体的多样性对建成无障碍设施的实用性和人群需求满足程度产生重要影响。

验收力度弱或缺乏验收环节的后果则是逐渐增多的违规无障碍工程和设施，这些违规工程不仅可使用性和实用性低，也会造成资源浪费；而单一主体的验收队伍则会减少对建成无障碍设施的实用性、精细化程度和人文因素的考评。

总之，建成无障碍环境/设施验收力度薄弱，验收主体单一化。一方面造成低效验收程序，进而给违规无障碍设施的出现带来缝隙；另一方面，单一验收主体，不能从使用方，即功能障碍者人群、老年人等角度来审视建成无障碍设施，刻板执行标准而不考虑实际情况和需求，其实用性可能会大打折扣。

三、无障碍环境建设各个环节脱节

这一问题主要体现在无障碍环境建设走在管理前面，规划、施工、完工和使用、监督、维护等系列环节脱节，呈现碎片化，系统性低。建设者盲目追求无障碍设施的建设数量，追求无障碍设施建设进度，但在建设前、建设中和建设后缺乏管理思维。建设前，系统的规划和方案审批执行不到位，建设中，随访监督尚未深入，建设后，常规验收和监督维护未深入开展等。此

外，上述建设环节多涉及多头开展和多头管理，各主体间协作不顺或缺乏协作，这使得无障碍环境建前、建中和建后呈现出碎片化。

系统的无障碍设施建前、建中和建后管理工作不可或缺，它决定着投入的无障碍环境建设资源是否适宜、是否能够得到预期回报；此外，无障碍环境建设全过程的系统化协作和工作，对建成无障碍设施的质量具有重要影响，特别地，从满足使用者需求角度来看，过程的系统性在建成无障碍设施的可使用性和实用性上发挥着至关重要的作用。

盲目追求无障碍设施的建设数量和建设进度，系统规划和合规审批程度不高，这造成无障碍环境建设资源无效投入；建设全过程中，尚不成熟的工作方式和协作模式，造成建成无障碍设施的标准合规性差、人群需求满足程度低。在现实生活中，常见到角度过大的斜坡、随意被侵占/截断的盲道、轮椅者难以独自打开的出入口大门等，这些都是由此造成的后果。

总之，无序的无障碍环境建设一方面耗费资源，造成成本效益低下；另一方面，人群需求满足程度和建成无障碍环境价值实现依旧处于较低水平。

四、建成无障碍设施损坏、占用和侵占现象严重

这一问题主要体现在建成无障碍设施常见被损坏、占用和侵占等不合规现象，导致无障碍设施的可使用性和实用性低。例如，盲道、无障碍斜坡、人行道缘石坡道、公交站等设施，出现被损坏、侵占、高度差不合理等不合规问题。出现上述问题，对于使用者来说，旨在消除障碍的无障碍设施此时变成了阻挡通达的障碍，造成建成无障碍设施不可使用或不实用。

建成无障碍设施能够使用并且能够被完整地使用，最终合理地满足人群需求，是无障碍环境建设的目标。对于被破坏的无障碍设施，不仅不能被使用者使用，对于全体社会成员来说，也成为一种障碍。

总而言之，对于不合规建成的无障碍设施，不仅不能满足人群需求，发挥其价值，更可能成为一种全社会的障碍。

五、无障碍环境建设中全程随访与监督力度薄弱

这一问题主要体现在无障碍环境建设方案通过审批，进入实地施工阶段后缺乏相应的随访监督机制。包括缺乏定期检查施工是否按照建设方案和相

应标准规范进行，或全程定期监督力度不够。

无障碍环境建设施工全程定期随访监督是保证建成无障碍环境和设施能够符合相应标准和规范的重要机制，也是促进建成无障碍环境能够服务于人群，满足人群需求的重要条件。

对于获得建设方案审批的无障碍环境建设项目，如果在其施工建设过程中，缺乏动态追踪监督机制，难以保证其标准规范的遵循程度，建设者可能会从成本角度出发，逐渐降低项目工程中的无障碍设计规范依从性。

总而言之，通过审批的无障碍建设方案只是起点，如果建设全程的随访和监督环节缺乏或执行不到位，无障碍环境建设仍旧难以落地，真正为人群服务。

六、无障碍软环境建设落后于物质环境建设

这一问题主要体现在无障碍软环境的建设上，例如无障碍环境标志、无障碍服务缺乏或设置不合理。无障碍环境建设包括无障碍软环境建设，例如，社会无障碍理念宣传和氛围营造，无障碍服务提供，无障碍标志的设置等。当前，我国无障碍环境的投入重点在硬环境方面，例如，盲道铺设、社区楼梯无障碍改造、无障碍电梯设置等。在对无障碍硬环境投入的同时，却忽略了无障碍软环境建设。社会无障碍氛围不够浓厚，无障碍理念只存在于无障碍环境相关从业人员，无障碍服务没有跟上无障碍硬件建设发展等，这使得无障碍软环境大大落后于无障碍硬环境建设。

无障碍硬环境建设很重要，是无障碍环境建设系统中的基础，缺位或落后的无障碍软环境，尤其是无障碍环境相关理念宣传和氛围建立以及无障碍配套服务提供，对无障碍硬环境能否起到作用产生至关重要的影响。例如，公共交通系统具有完善的无障碍设施，然而有需要的使用者却不知道使用无障碍设施入口在哪儿，不知道该如何使用等情况时常发生。

总而言之，无障碍环境建设需要"双核心"94F模式，即无障碍硬环境和软环境建设，缺少其中之一，建成无障碍环境和设施都将难以发挥真正价值。

七、人们对通用设计理念的误解

这一问题主要体现在设计师、社会公众对通用设计理念存在误解，仍旧

认为通用设计理念是专为残疾人服务的。当前"通用设计理念"在我国无障碍环境建设实践中的应用处于初级阶段，程度不深。无障碍环境建设设计主体在实践过程中对"通用设计理念"理解不深入，应用不及时，或受到外部环境限制，不能将"通用设计理念"完全应用于实践。不仅如此，社会公众对"通用设计理念"认知不深入，不知道"通用设计"是什么。

"通用设计理念"发源于国外，其应用于无障碍环境实践始于20世纪，并且逐步发展成熟。"通用设计理念"应用于无障碍环境建设实践不仅可提升无障碍环境的可用性、实用性和使用舒适度，还可以提升建成无障碍环境的成本效益。传统无障碍环境设计和建设理念只考虑为某一类人群服务，这可能造成某一类人群消除障碍的同时，为其他人群带来了障碍。

总而言之，"通用设计理念"在无障碍环境建设主体和社会公众中的传播程度较低，这可能会给良性无障碍环境建设发展带来负面影响。

八、公众（使用者）不知道如何使用无障碍设施

这一问题体现在有需要的公众面对某些具有无障碍设施的场景时，却不知道该如何使用该设施。这既包括不知道如何接触到无障碍设施，也包括接触到无障碍设施却不知道如何开始使用。

无障碍环境建设的最终目标不是建了多少无障碍设施，而是建成无障碍设施是否能够被有需要的人群真正使用。如果公众面对建成无障碍环境，不知如何使用，甚至没有使用认知，对于无障碍环境建设来说，其目标和价值是无法达成的。

九、无障碍环境实际施工过程中规范和标准遵循程度低

这一问题体现在两个方面。在无障碍环境实际施工过程中，一方面由于标准陈旧，未能及时更新，使得施工主体无法按照较新设计规范施工；另一方面，考虑到成本，一些施工主体在有关无障碍设施上"偷工减料"。

严格按照预定设计规范施工是保证无障碍环境建设符合相关规范，最终"可用"和"实用"的重要保障。如果在施工中出现不遵循或不完全遵循相关标准规范，导致建成无障碍环境，看似无障碍，实际已经变成了额外障碍。

第二节　无障碍环境建设关键问题影响因素

一、诊断树法及其步骤

在这一部分主要采用诊断树法来确定影响因素。诊断树分析法是一种探索特定问题发生原因的方法，它追本溯源，即对于特定问题，不断询问"为什么"，来确定问题的一级发生原因，并且对一级发生原因采取同样程序，询问一级原因发生的原因。首先根据前面一节确定的关键问题，针对每一个关键问题，都通过学术文献、访谈分析结果和二手数据分析结果，结合逻辑归纳，系统地界定这些问题发生的原因，并用图示形式表示。

二、无障碍环境建设关键问题影响因素

（一）关键问题一：建成无障碍环境/设施监督手段少的影响因素

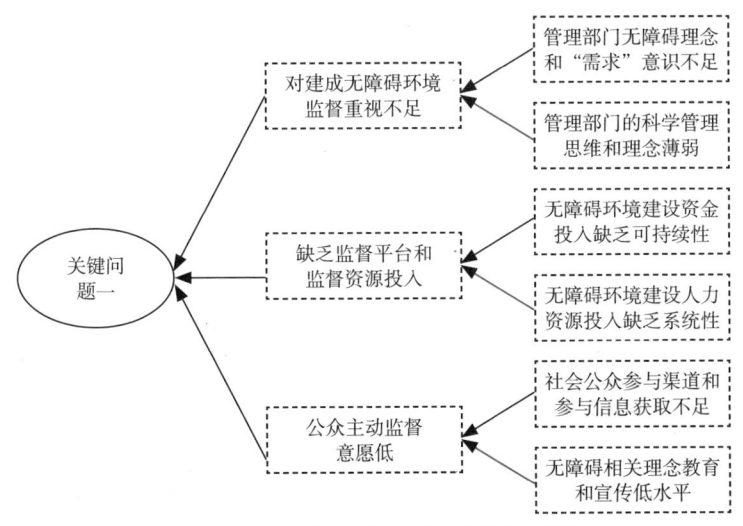

关键问题一：建成无障碍环境/设施监督手段少

图 6-2-1　关键问题一影响因素的诊断树分析结果

从理念和观念上看，管理部门的无障碍理念和需求意识不足，同时由于缺乏科学系统管理思维，相关管理部门对建成无障碍环境的监督缺乏重视，从而导致了对于监督手段的开发和利用缺乏动力。此外，对于无障碍环境建设资源投入缺乏也造成了建成无障碍环境监督平台相应资源的缺乏。

从社会公众角度来看，由于无障碍相关教育深度和广度还不理想，以及社会公众无障碍环境相关信息获取渠道的缺乏和获取程度不足，导致社会公众对无障碍环境本身缺乏了解，对于建成无障碍环境的监督更是缺乏相关概念、意识和主动性。

（二）关键问题二：建成无障碍环境/设施验收问题的影响因素

和上个问题的影响因素相似，管理部门无障碍理念和需求意识不足，及相关管理科学思维缺位，导致对建成无障碍环境的验收环节重视程度不足。

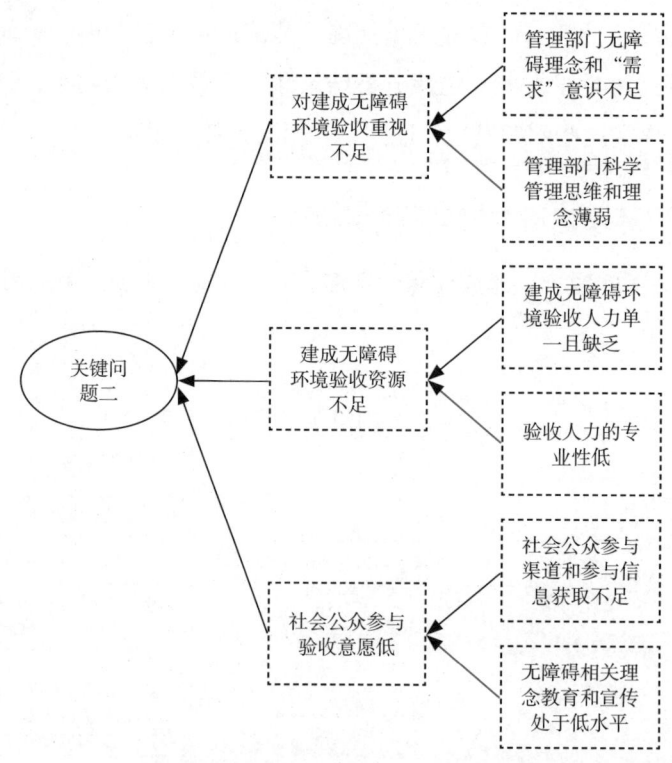

关键问题二：建成无障碍环境/设施验收力度薄弱，验收主体单一化

图 6-2-2 关键问题二影响因素的诊断树分析结果

从资源投入来看，建成无障碍环境验收人力的单一化，及人力资源专业性低下，导致对于建成无障碍环境验收力度不足。从社会公众角度来看，社会公众的意识和理念的缺位，使得他们对建成无障碍环境验收缺乏积极性。

（三）关键问题三：无障碍环境建设各个环节脱节的影响因素

导致这一问题的原因有两方面。一方面，无障碍环境建设涉及主体的建设协作意愿低，另一方面，协作机制缺位或机制缺乏有效执行，导致涉及主体工作协作性低。此外，由于无障碍环境建设外部引导和激励机制不合理，及自身科学系统管理思维不足，导致管理部门只重视无障碍环境的"建设"，而忽略建成无障碍环境的"管理"；从政策规范角度看，无障碍环境建设相关政策规范目标宽泛、保障和惩罚措施模糊，还应看到，政策执行过程的偏差不能实现有效管控，造成对无障碍环境建设全生命周期的制度监督不足。

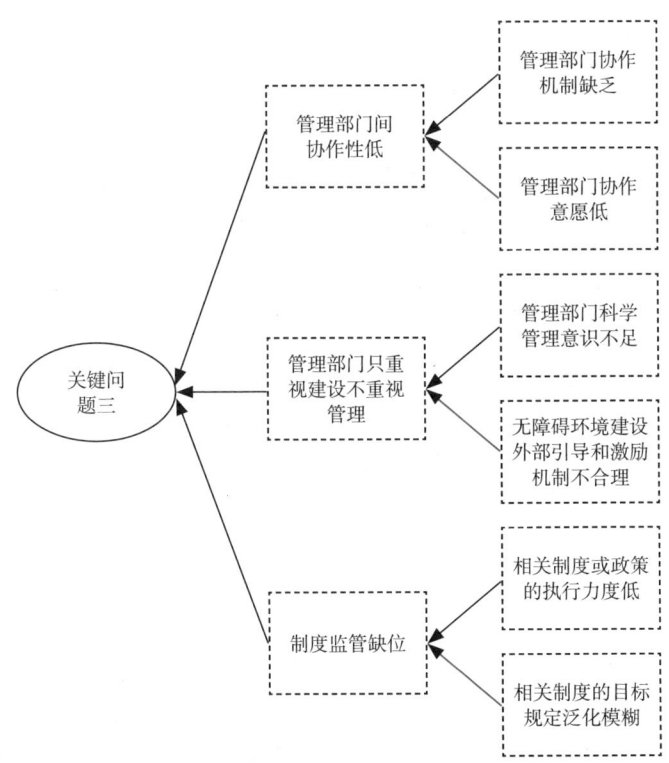

关键问题三：无障碍环境建设走在管理前面，规划、施工、完工和使用、监督、维护等系列环节脱节，呈现碎片化，系统性低

图 6-2-3　关键问题三影响因素的诊断树分析结果

(四)关键问题四:建成无障碍设施出现被损坏、占用和侵占现象严重的影响因素

管理部门对于建成无障碍环境监督重要性认知不足及监督维护资源的缺少,导致管理部门对建成无障碍环境监督维护不及时;无障碍相关教育的缺位及无障碍理念的社会宣传不足,导致社会公众无障碍意识淡薄,社会无障碍氛围缺乏,造成社会公众缺乏与无障碍环境相关的行为规范。从设计角度来看,先进理念,例如"通用设计理念"教育薄弱,导致建成无障碍环境可能缺乏合理性;此外现有设计规范缺乏更新机制,过于陈旧,也可能导致建成无障碍环境缺乏合理性。从宏观层面来看,缺乏系统规划,导致建设过多的"无用的"无障碍环境,部分设施的利用率低。

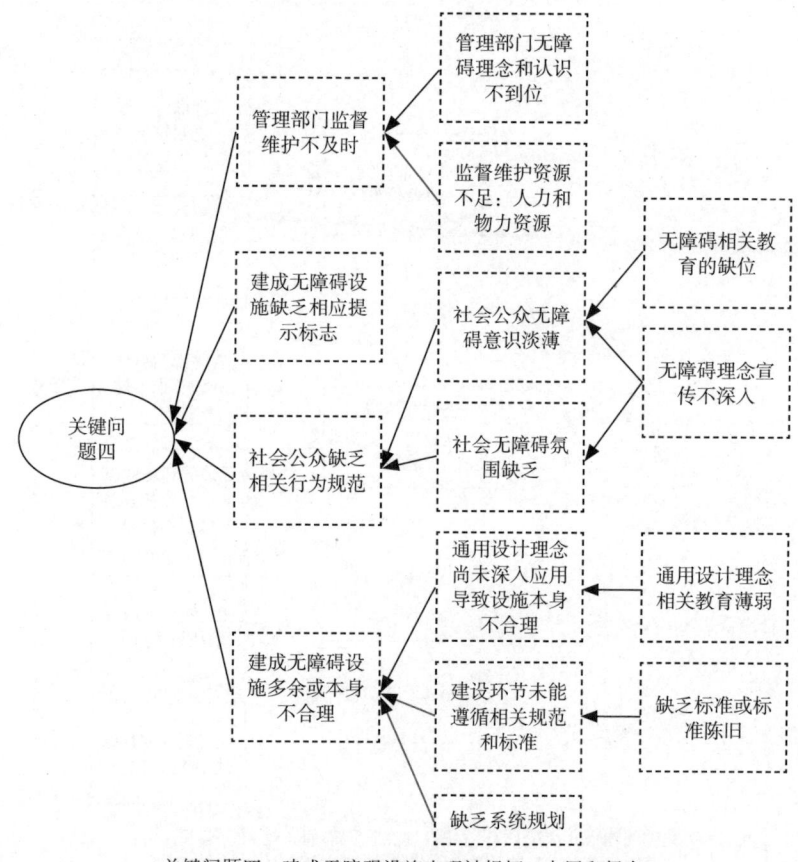

关键问题四:建成无障碍设施出现被损坏、占用和侵占等不合规现象,可使用性和实用性低

图 6-2-4 关键问题四影响因素的诊断树分析结果

（五）关键问题五：无障碍环境建设中的全程随访与监督力度薄弱的影响因素

首先，由于管理部门的科学管理理念薄弱，以及相关意识理念不足，导致管理部门对无障碍环境建设的全程随访和监督重视不足；其次，由于整体无障碍环境建设的资源投入不足，缺乏相应的人力资源和物力资源的投入，导致无人监督和不知道采取什么样的方法和手段监督。从社会公众来说，由于信息获取和理念意识受限，参与全程随访和监督的主动性不高，也没有正式合理的平台为社会公众提供相关监督机会；从机制来看，全程监督和随访的引导和激励机制不合理，全程随访和监督动力不足。

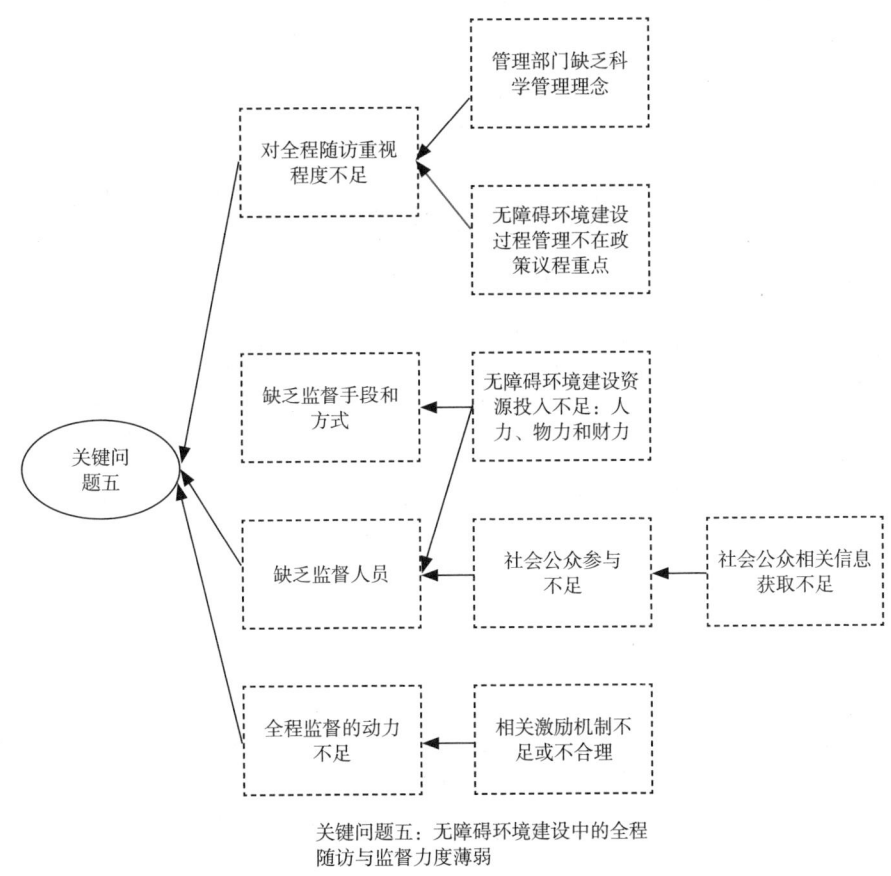

关键问题五：无障碍环境建设中的全程随访与监督力度薄弱

图 6-2-5 关键问题五影响因素的诊断树分析结果

（六）关键问题六：无障碍软环境建设落后于物质环境建设的影响因素

首先，由于缺乏科学合理的无障碍环境建设规划技术和规划意识，导致无障碍环境建设规划不合理；其次，管理部门对无障碍环境建设理解较为片面单一化，在无障碍软硬环境资源规划、分配和建设方面不均衡，导致无障碍软环境、无障碍服务投入不足。

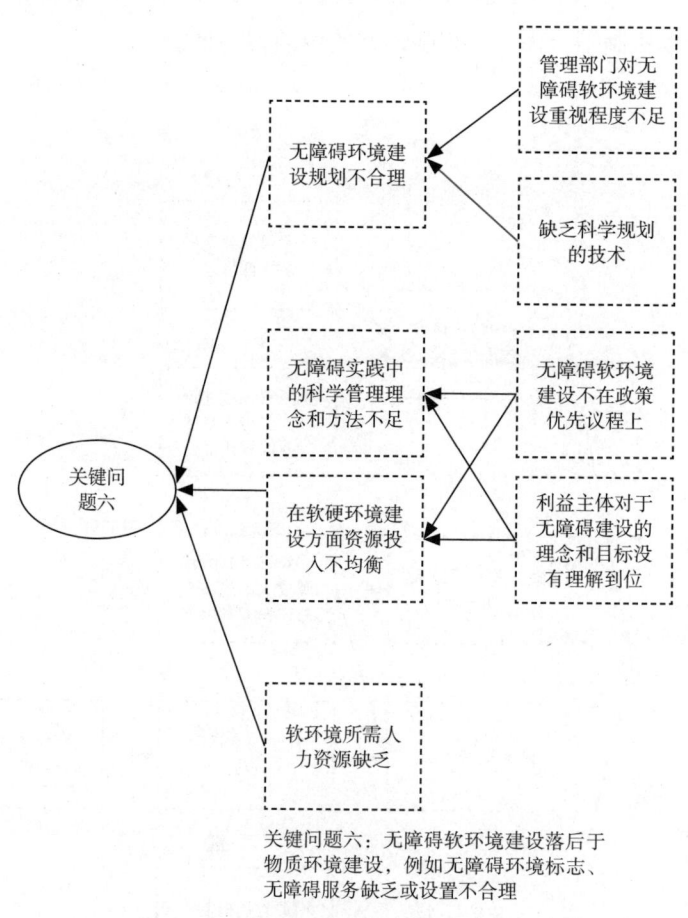

关键问题六：无障碍软环境建设落后于物质环境建设，例如无障碍环境标志、无障碍服务缺乏或设置不合理

图 6-2-6 关键问题六影响因素的诊断树分析结果

(七)关键问题七:人们对通用设计存在误解的影响因素

首先,国内"通用设计理念"相关教育资源较为稀少,即使开展"通用设计理念"教育,其效果不甚理想,进而导致"通用设计理念"在无障碍环境相关学科上的教育不足;其次,存在"通用设计"原则的实践应用不具有成本效益,以及企业和社会组织等主体不知道"何为通用设计理念",导致"通用设计理念"的实践应用不足。

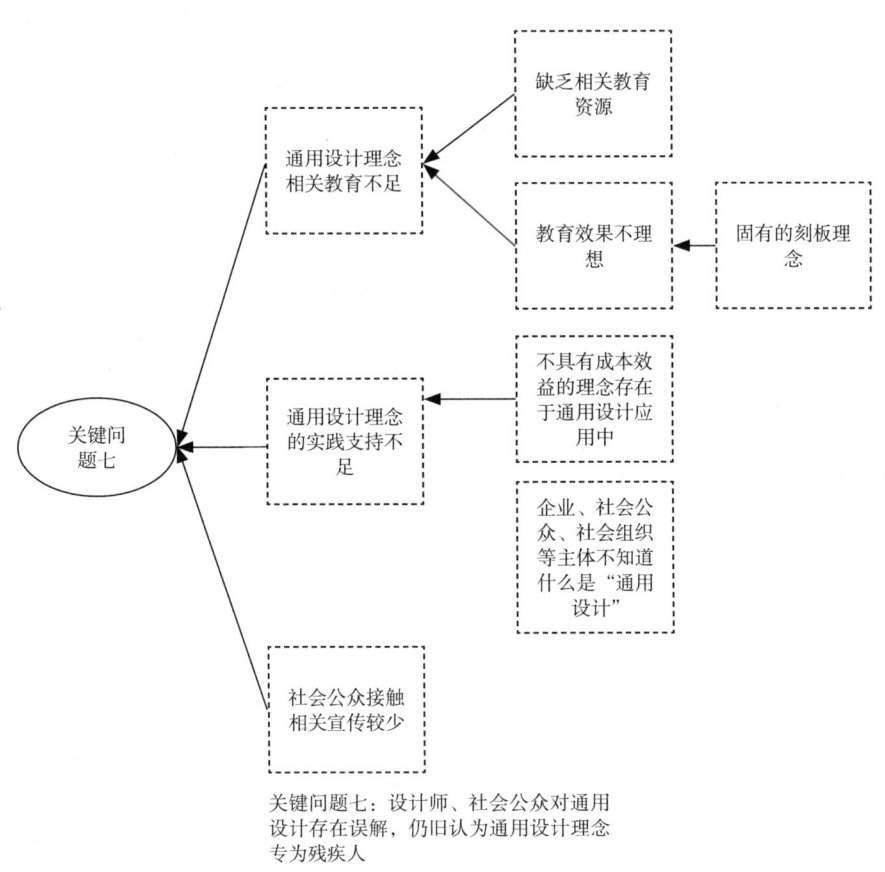

图 6-2-7 关键问题七影响因素的诊断树分析结果

(八)关键问题八:公众(使用者)不知道如何使用无障碍设施的影响因素

首先,对无障碍软环境和无障碍服务的忽略以及设计的技术力量薄弱,导致必需的无障碍标志系统缺乏或不符合规范;其次,"通用设计理念"初级阶段应用和采纳度低,导致建成无障碍环境不能较大限度地为所有社会成员使用;第三,社会公众本身的无障碍环境相关理念和行为不足,不知道"何为无障碍环境",也就不知道如何去用无障碍环境。

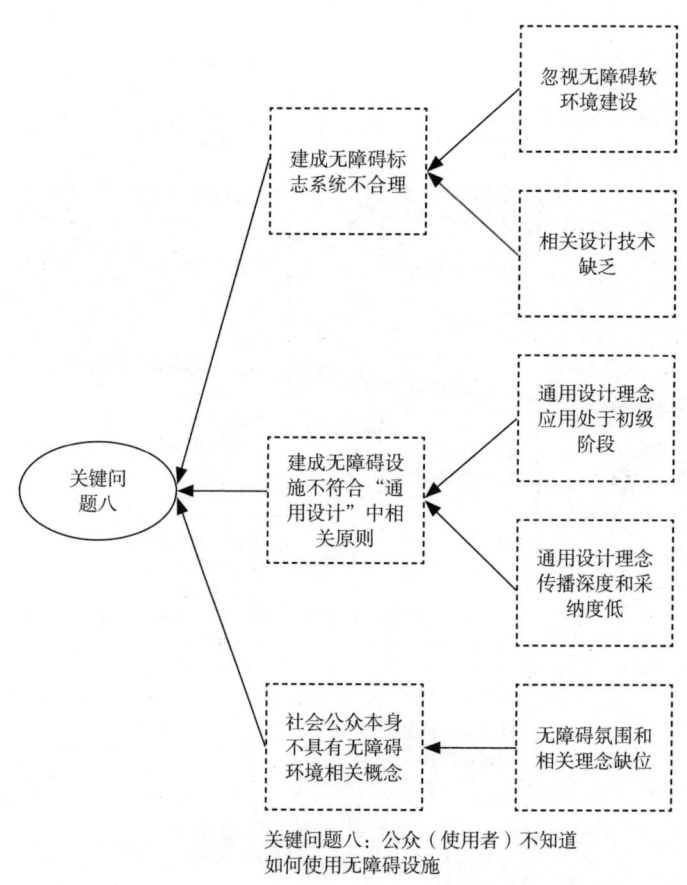

图 6-2-8 关键问题八影响因素的诊断树分析结果

（九）关键问题九：无障碍环境实际施工过程中规范和标准遵循程度低的影响因素

首先，无障碍环境建设相关标准和规范的缺位和更新速度慢导致无相关标准可以被采纳；其次，在无障碍环境建设过程中，是否真正遵循相关标准，无监督机制；最后，即使遵循相关标准开展无障碍环境建设，但真正施工时，由于施工方的"使用者需求"意识不足，导致过度机械化执行相关标准。

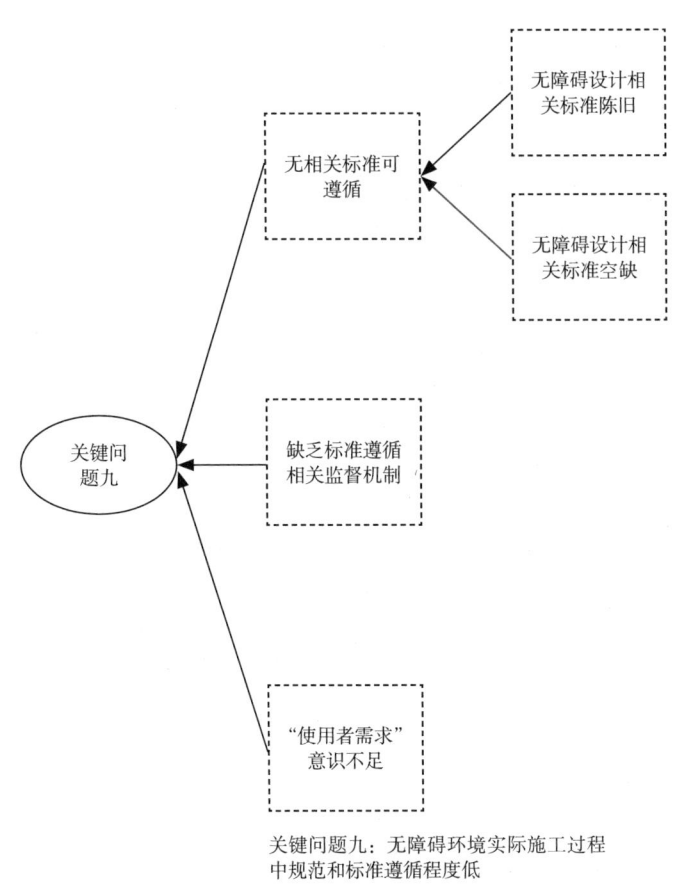

关键问题九：无障碍环境实际施工过程中规范和标准遵循程度低

图 6-2-9 关键问题九影响因素的诊断树分析结果

总而言之，从管理意识和思维来看，无障碍管理尚不在管理主体议事日程的优先位置，管理主体的无障碍意识和科学管理意识的不足，缺乏执行针对性管理活动的动力并呈现出低效管理行为。此外，缺乏基于人群需求的意识，也导致了不合规无障碍环境建设行为出现。

从管理主体和协作机制来看，开展系统无障碍环境管理，缺乏外部协作引导机制和压力机制，动力不足；宏观规制未能就主体行为和机制做出清晰界定，导致出现多头管理和低效管理；此外，人力和物力资源的投入数量、质量、机制和可持续性无法形成系统，导致无障碍环境管理行为的不可持续、低效、无序和碎片化问题。

从标准执行过程来看，缺乏针对性管控措施，且针对违规行为，无强有力惩戒措施。

从社会公众来看，自身无障碍相关意识薄弱，社会宣传不足，导致参与无障碍环境建设缺乏积极性。

从技术角度来看，标准更新慢、陈旧标准和精细化标准导致建设过程无规可循，此外无障碍相关规划技术、评估技术的薄弱，也给特定问题的出现留下可乘之机。

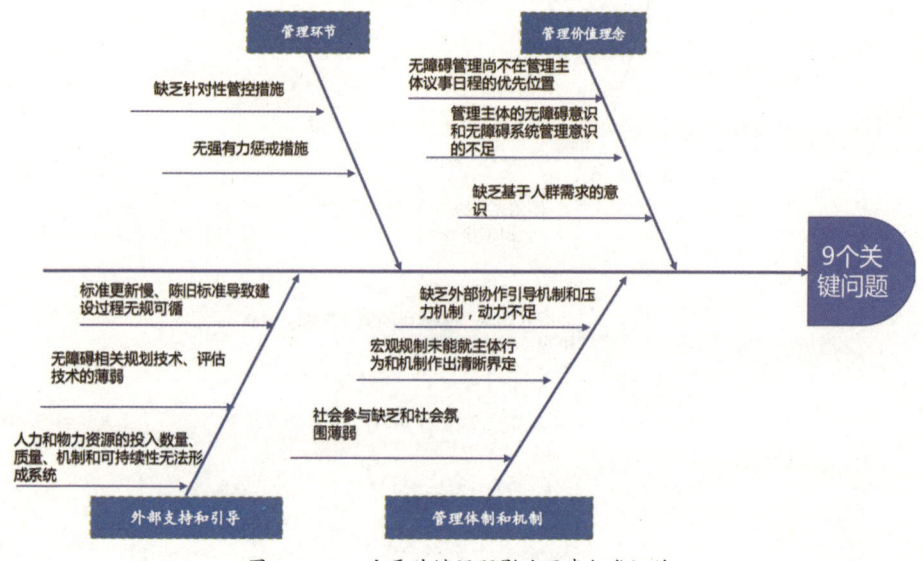

图 6-2-10　主要关键问题影响因素归类汇总

基于上述首先对上部分界定的关键问题按照"总—分—总"的逻辑进行精确界定，进一步明确关键问题的内涵。接着，基于诊断树分析，对9个关键问题的影响因素进行分析。上述9个关键问题主要影响因素可以归为资源投入程度、管理部门科学管理理念储备、社会无障碍氛围建立和社会公众的无障碍环境认知及外部支持程度等维度。这些维度对应理论框架中的5个一级维度。关键问题影响因素主要涉及管理部门、宏观政策和社会公众三方。

第七章
无障碍环境建设的发展策略

第一节 发展策略构建思路和目标

一、发展策略构建思路与步骤

本研究在理论上初步界定了无障碍环境建设概念框架，分析了全国和上海层面的无障碍环境建设现状，界定了关键问题和规范差距分析，并对关键问题影响因素进行界定。本部分借鉴"健康策略构建思路"中的思路和步骤，即"分析原因—明确目标—制定措施—构建策略"的逻辑思路，构建无障碍环境建设发展策略。

因此，在前期研究基础上，首先基于理论框架视角和关键问题影响因素，明确无障碍环境建设的总目标和清晰具体的子目标；然后，基于关键问题影响因素和规范差距分析结果，分别围绕子目标，提出针对性措施；接着，针对特定子目标，将相似性高的措施进行凝练，形成针对不同目标的策略。

二、无障碍环境建设发展目标

（一）无障碍环境建设发展总目标

基于理论框架、实证研究以及关键问题分析，总结归纳出无障碍环境建设的总目标为：基于通用设计理念，理顺无障碍环境建设涉及主体及相关机制，围绕无障碍环境建设"全生命周期"，不断提高建设环节的科学性和规范性，促进建成无障碍环境的使用性和实用性提升，最终满足人群需求，实现无障碍环境价值。

（二）无障碍环境建设发展子目标

上述无障碍环境建设总目标是模糊的，宽泛的，需要通过若干清晰、具体和可操作性的子目标将总目标的轮廓具化。子目标按照既定维度从属于总目标，与总目标一起，共同构成无障碍环境建设的目标体系。基于研究建立的无障碍环境建设理论框架，将总目标分解为以下子目标：

子目标一：提升无障碍环境建设相关理念，尤其是通用设计理念的传播和宣传频次，提升无障碍环境建设相关利益主体（管理方、设计方、公众等）对无障碍环境的认知。

子目标二：促进无障碍环境建设管理部门贯彻执行已经建立起的工作机制。

子目标三：提升无障碍环境建设规划和设计标准的科学性和及时性。

子目标四：建立科学的建成无障碍环境的验收—监督—反馈—维护动态机制。

子目标五：突出无障碍环境设计和建设中的人文因素，强调基于人群和区域需求，促进政策和资源向无障碍软环境和无障碍服务倾斜。

子目标六：提高外部支持系统对无障碍环境建设的支持程度，尤其是加强无障碍相关教育。

第二节　无障碍环境建设措施

一、针对子目标一的措施

子目标一：提升无障碍环境建设相关理念，尤其是通用设计理念的传播和宣传频次，提升公众对无障碍环境的认知。

1.政策条例

（1）无障碍环境建设相关政策条例文本中，倡导在无障碍教育中嵌入和深化"通用设计"要素。

（2）无障碍环境建设相关政策条例文本中，增加宣传无障碍环境相关概念意识措施。

（3）倡导"基于需求和价值"的无障碍环境建设管理理念，让无障碍环境基于人群需求而建，建成无障碍环境能发挥其真正作用而建。

2. 管理部门

（1）利用传统媒介，例如广播、电视和电台，结合新媒体，例如，移动客户端、短视频平台、微博、微信等，基于实际情况，寻找定期宣传窗口，从宣传基本的无障碍理念逐步过渡到更加多元丰富的"通用设计理念"；此外，利用公共交通、城市宣传栏等，创新宣传方式。

（2）以重大与残疾相关纪念日为契机，例如，"国际残疾人日""全国残疾预防日"和"国际老人日"，举办形式多样、内容通俗易懂的多种活动，宣传无障碍环境相关概念和意识。

（3）通过学习和借鉴手段，提升无障碍环境建设管理理念，促进从"追求数量"到"追求质量"的管理理念。

3. 实践部门

（1）主动贯彻"通用设计理念"于无障碍环境建设实践，例如，建设部门应用"通用设计理念"设计和建造无障碍设施，运营部门及时提出改造不合规、不符合"通用设计理念"的建成无障碍设施等。

（2）建立无障碍环境相关社会组织、公益协会等，发挥社会组织在无障碍环境宣传中的常态化作用。

4. 社会公众

规范自身行为，了解无障碍环境相关知识。

二、针对子目标二的措施

子目标二：建立工作机制并促进无障碍环境建设管理部门贯彻执行已经建立起的工作机制。

1. 政策条例

（1）无障碍环境建设相关政策条例文本中，增加更加清晰的无障碍环境建设利益相关主体。

（2）无障碍环境建设相关政策条例文本中，增加和强调无障碍环境建设机制和建设措施执行保障措施和政策执行管控措施。

（3）制定更加具有可行性和可操作性的地方无障碍环境建设配套条例和政府令，以规定相关工作机制执行。

2. 管理部门

（1）建立涉及多元主体的无障碍环境建设联席工作会议制度，设立科学合理的会议章程、运行机制和具有可行性的保障措施。

（2）建立联席会议召开与运行内部监督机制，定期监督会议召开和运行事宜，及评估联席会议绩效。

（3）建立联席会议负责制，制定会议负责人或轮换负责人，由负责人定期向上级汇报联席会议成效等。

三、针对子目标三的措施

子目标三：提升无障碍环境建设规划和设计标准的科学性和及时性。

1. 政策条例

（1）无障碍环境建设相关政策条例文本中，强调无障碍环境设计规范的定期更新机制。

（2）无障碍环境建设相关政策条例文本中，强化对无障碍环境设计规范不合规行为的惩罚措施。

2. 管理部门

（1）纳入多元主体参与到标准的制定过程中，尤其是无障碍环境的直接受益者，例如功能障碍者群体、老年人群体、孕产妇群体等，询问上述群体意见和建议。

（2）区分国家无障碍环境设计标准和地方无障碍环境设计标准，地方标准须不低于国家标准。

（3）建立标准定期更新机制，邀请多方对标准进行及时修正。

（4）针对不同场景，制定更加精细化和针对性的无障碍设计规划标准。

3. 实践部门

各种经营单位等积极反馈建成无障碍环境中出现的不合规现象，以便更新相关设计标准。

四、针对子目标四的措施

子目标四：建立科学的建成无障碍环境的验收—监督—反馈—维护动态机制。

1. 政策条例

（1）无障碍环境建设相关政策条例，在政策条例目标中，明确规定无障碍环境建设需要增加和提高系统性，避免因各环节脱节造成的碎片化。

（2）无障碍环境建设相关政策条例，增加合理、清晰、可测量和可实现的无障碍环境建设系统的保障措施。

（3）地方应制定针对性和可操作性更高的无障碍环境建设相关政策条例，以保障无障碍环境建设各环节的到位，及各环节的协作性和系统性。

2. 管理部门

（1）针对无障碍环境建设各环节，设立专门责任机构，负责各环节所涉及的工作。

（2）针对无障碍环境建设各环节，引入多元工作主体，通过咨询多方意见，形成科学系统的工作流程和范式。

（3）引入合理的外部引导和激励机制，制定合适的激励措施。

（4）引入新技术，将其贯彻无障碍环境建设全过程，例如，"互联网+"、人工智能技术、可穿戴设备等。

3. 实践部门

（1）社会各经营单位积极与无障碍环境建设管理部门协作和联动，反馈建成无障碍环境问题、意见和建议。

（2）制定计划，定期开展建成无障碍环境的内部监督。

4. 社会公众

在信息获取前提下，主动参与到管理部门开展的无障碍环境建设监督活动。

五、针对子目标五的措施

子目标五：突出无障碍环境设计和建设中的人文因素，强调基于人群和区域需求，促进政策和资源向无障碍软环境和无障碍服务倾斜。

1. 政策条例

（1）无障碍环境建设政策条例中，在政策目标中提出系统规划无障碍环境的必要性，即，无障碍硬环境和软环境"两条腿"并行。

（2）无障碍环境建设政策条例中，设立合理具体的政策措施，保障无障碍软环境建设。

（3）制定由一系列渐进目标组成的无障碍环境建设战略规划。

2. 管理部门

（1）无障碍环境设计规划前，开展需求评估，包括人群需求和区域发展需求。

（2）及时采纳最新无障碍环境设计标准和规范。

（3）配置资源，保障无障碍软环境和无障碍服务的开展。

（4）对无障碍软环境和无障碍服务制定科学系统的工作规范和工作步骤，以保障服务的可及性和连续性。

3. 社会公众

通过管理部门提供的信息渠道，积极表达有关无障碍环境及当前实践中存在的问题和自身合理需求。

六、针对子目标六的措施

子目标六：提高外部支持系统对无障碍环境建设的支持程度，尤其是加强无障碍相关教育。

1. 政策条例

（1）无障碍环境建设政策条例中，在政策措施中明确无障碍环境建设可能涉及的外部支持主体。

（2）无障碍环境建设政策条例中，在政策保障措施中明确外部支持主体与无障碍环境建设主体的协作机制。

2. 管理部门

（1）加强与外部支持主体协作，包括为教育主体提供实践平台。

（2）教育部门增强无障碍教育，包括引入更多、更丰富的无障碍课程，更新当前无障碍课程；加强"通用设计"相关概念和实践教学。

（3）制定无障碍环境建设相关预算，逐步、科学、合理地增加无障碍环境资源投入。

第三节　无障碍环境建设策略

一、逐步更新和普及理念意识

本研究发现，社会公众对无障碍环境建设相关认知处于较低水平，对于相关专业理念认知也处于不理想水平。无障碍环境理念的逐步更新与普及包括两个方面，社会公众无障碍意识和社会无障碍氛围以及无障碍环境建设理念。首先，社会公众无障碍意识和社会无障碍氛围表示一个社会如何看待无障碍环境，如何评价无障碍环境的重要性和意义。它是衡量一个社会文明程度的重要指标，也是促进社会质量提升的重要基础；其次，无障碍环境建设理念，代表着无障碍环境建设管理主体对于无障碍环境建设的认知，因此，无障碍环境建设理念很大程度决定着无障碍环境建设管理主体在无障碍环境建设管理过程中的设计构思、工作思路和管理逻辑。

对于社会公众无障碍意识培养，可从以下方面制定策略：（1）借助教育系统培养和传播无障碍相关知识和认知。在中小学课程中，适当嵌入无障碍环境相关知识，在大中专院校课程中，加强通识和专业无障碍课程开发和教育力度，通过逐步形成纵深有度、错综立体的无障碍环境教育课程体系和教育方式，逐步提升社会公众无障碍环境意识和理念，尤其是新型理念——"通用设计理念"的传播；（2）创新无障碍环境理念传播内容和传播方式。吸纳多元相关利益主体参与无障碍环境传播内容制作，综合考量传播内容的科学性和受众适宜性。利用传统媒体和新兴媒体，通过线上+线下结合方式，基于实际情况，寻找定期宣传窗口，不断提升传播内容在受众中的效果；（3）注重特别重大宣传契机，例如，通过"国际残疾人日""全国残疾预防日"和"国际老人日"，举办形式多样、内容通俗易懂的多种活动，宣传无障碍环境相关概念和意识；（4）从管理角度，倡导"基于需求和价值"的管理理念，不断促进基于人群需求建设无障碍环境，真正发挥其价值。

二、完善多元主体和联动机制

无障碍环境设计主体、施工主体、验收主体和管理主体等要素是否齐全，及主体间工作机制是否健全、科学和高效，其中运行机制是否系统是决定建成无障碍环境实用性的重要因素。就建立不同主体间的协作机制，主体的外部引导和激励机制，可采取如下策略：（1）从政策方面，规定清晰的无障碍环境建设涉及主体，并明确相应责任；地方层面，制定切实可行和针对性高的实施条例；（2）科学识别多元主体，制定激励措施提升参与积极性。多元主体不应只限于无障碍环境规划设计、建造和管理部门，社会组织、无障碍环境使用者和社会公众都是重要的主体。在无障碍环境建前、建中和建后，上述主体都应发挥着重要作用；管理部门还应制定合理激励措施，形成畅通的沟通—协作—反馈机制，吸引非政府主体参与到无障碍环境建设的整个生命周期；（3）建立涉及多元主体的无障碍环境建设联席工作会议制度，设立科学合理的会议章程、运行机制和具有可行性的保障措施。为保障联席会议制度效果，可建立联席会议召开与运行内部监督机制，定期监督会议召开和运行事宜，及评估联席会议绩效，此外，建立联席会议负责制，制定会议负责人或轮换负责人，由负责人定期向上级汇报联席会议成效等；（4）探索新的主体协作和治理机制。

三、强化政策执行过程的管控

"艾力斯"指出，在实现政策目标的过程中，完整的政策方案只占到10%，其余90%需要政策方案的有效执行。可以说，政策的生命力在于政策执行。由于区域的政治经济文化和技术发展程度不同，对于政策执行和贯彻会出现不同动力和阻力。本研究也发现无障碍环境建设相关政策，短期内可以促进无障碍环境实践开展，但长期来看，政策效果逐步式微。因此，对于无障碍环境建设政策和规范来说，不仅要关注政策规范本身的科学性，更重要的是如何保障政策真正被贯彻，规范被执行。政策和规范发布后，高效且持续的管控措施应成为无障碍环境建设政策实践重点。

四、制定"逐步实现"战略规划

本研究发现,在各地区开展无障碍环境建设的实践中,出现显著的地区差异。此外,影响因素分析发现,缺乏相关规划技术和规划意识导致建成无障碍环境的离散无序和"远离需求"。世界卫生组织在《世界残疾报告》中指出,无障碍环境建设是一项以资源为基础的活动,各地区、区域因社会经济发展程度不同,在无障碍环境建设方面,不可一蹴而就,而是因地制宜,制定一系列逐渐可实现的目标,优先对特定地区、区域或场景进行无障碍环境建设或无障碍改造。这称为逐步实现策略。因此,(1)制定由一系列渐进目标组成的无障碍环境建设战略规划。规划中,明确当前、中期和远期无障碍环境建设方向、规划和目标;(2)制定无障碍环境建设相关预算,逐步、科学、合理地增加无障碍环境资源投入;(3)在无障碍环境建设生命周期中,增加区域无障碍环境需求评估,从经济、社会、人口和技术等维度对特定地区展开评估,并为科学决策和规划提供咨询。

五、保障可持续性资源的投入

无障碍环境建设是社会文明和社会进步的体现,是社会成员追求美好生活的重要保障。基于我国功能障碍者和老龄人群数量众多的现实,良好无障碍环境能够提升上述群体独立生活能力和生活质量,保障他们平等参与社会生活,共享社会发展。由于无障碍环境建设人力、物力和财力资源投入在系统性和可持续性方面较弱,导致无障碍环境建设缺乏动力,因此,无障碍环境建设作为一种公共事业,需要国家持续资源投入来维持其运行。其中,(1)逐步提高无障碍环境建设相关经费在特定公共部门预算中的比例;(2)政策、管理部门等应引导和鼓励社会资金和建立多元资金筹措渠道,不断探索创新无障碍环境建设资金渠道;(3)制定激励措施,制定人才规划,促进无障碍环境建设相关人力资源在数量和质量上的逐步提升;(4)拨发专项资金,保障建成无障碍环境管理维护顺利和可持续开展;(5)制定资源投入准则,基于准则,对无障碍软环境和硬环境建设科学投资。

六、打造立体分层的政策矩阵

无障碍环境建设涉及设计标准和执行规范。统一的国家政策和标准难以覆盖到不同区域和场景的差异性和特殊性，对标准和政策贯彻的执行也不尽相同。因此，基于不同场景和不同区域特征，尽可能设置因地制宜的标准和政策规范。这里并不是倡导针对每个区域和每个场景都制定相关标准和政策，而是针对具有广泛意义的场景特殊性和区域差异性，制定相应的规范和政策条例。因此，（1）针对无障碍环境建设相关政策，省级行政区可因地制宜制定政策执行方案；（2）省级行政区可制定针对本区的无障碍环境建设管理条例，条例应尽可能具有针对性、可操作性和可持续性；（3）针对不同公共场景，应细化设计规范和解释说明；（4）探索依据不同人体工程学，对同一场景的无障碍设计做适度调整，以达到通用无障碍。

七、运用新的技术治理无障碍

新技术应用于管理问题可有助于效率提升。包括，在问题识别、问题分析和解决以及效果监督和反馈等环节。在无障碍环境建设前、建设中和建设后等整个生命周期内，应尝试引入新技术以持续动态发现问题、识别问题、解决问题和监督反馈，从而实现高效率。例如，（1）运用大数据＋人工智能，识别人群、社区和区域无障碍环境建设需求，不断优化建设资源配置；（2）运用移动互联网，让建成无障碍环境建设的监督—反馈—维护的手段和渠道更加可及、便捷和有效；（3）运用物联网技术，探索和开发更加智能和可及的无障碍设施和设备。

表 7-3-1 无障碍环境策略—目标对应情况

序号	目标	对应的策略
1	提升无障碍环境建设相关理念，尤其是通用设计理念的传播和宣传频次，提升无障碍环境建设相关利益主体（管理方、设计方、公众等）对无障碍环境的认知	策略一、五、七
2	促进无障碍环境建设管理部门贯彻执行已经建立起的工作机制	策略一、三
3	提升无障碍环境建设规划和设计标准的科学性和及时性	策略二、五、六
4	建立科学的建成无障碍环境的验收—监督—反馈—维护动态机制	策略二、三

续表

序号	目标	对应的策略
5	突出无障碍环境设计和建设中的人文因素，强调基于人群和区域需求，促进政策和资源向无障碍软环境和无障碍服务倾斜	策略一、四、五、七
6	提高外部支持系统对无障碍环境建设的支持程度，尤其是加强无障碍相关教育	策略四、五、六

第八章
校园无障碍环境建设实践案例

第一节　校园无障碍环境建设的意义与目的

一、校园无障碍环境建设的意义

（一）建设校园无障碍环境是相关政策制度内在要求

校园作为知识生产、传播、分享最重要的教育基地，也是全社会所有群体的最大公约数。在融合教育的背景下，伴随2015年普通高考向残障学生的全面开放，以及2017年生效的《残疾人教育条例》确立的义务教育阶段残障学生入学零拒绝原则，越来越多的残障学生走进各级各类学校。《中国残疾人事业发展统计公报》显示，2015—2019年全国共有5.24万名残疾学生通过普通高考被普通高校录取，其中2015年录取8508人，2016年录取9592人，2017年录取10818人，2018年录取11154人，2019年录取12362人。高等教育对残疾学生敞开大门，是社会文明进步的表现，也是更好地保障残疾学生高等教育权利。越来越多的残障师生走入校园，也对校园内的无障碍设施建设提出了更高的要求。教育部等七部门联合印发《第二期特殊教育提升计划（2017—2020）》，提出"普通高等学校要积极招收符合录取标准的残疾考生，并且进行必要的无障碍环境改造，给予残疾学生学业、生活上的支持和帮助"。然而，我国高校无障碍设施建设仍存在诸多问题，例如2017年《北京晚报》记者根据《无障碍设计规范》（GB50763-2012）对北京部分知名高校的无障碍设施进行测评发现，很多新建的楼宇没有设置轮椅坡道、轮椅坡道陡、长度短、人行道未设置盲道、缺乏缘石坡道、电梯障碍程度高等问题严重，无法满足残障师生以及因受伤或其他原因造成暂时行动不便师生的校园生活需求，加强校园无障碍环境建设迫在眉睫。

（二）国内校园无障碍环境建设与国外相比仍有差距

国外校园无障碍环境建设起步较早，代表性的有哈佛大学、东京大学、剑桥大学、牛津大学和名古屋大学，各自根据学校自身的特点和需求形成鲜明的特色。譬如剑桥大学和牛津大学针对历史性古旧建筑和无障碍改造形成了一系列系统、完整、可借鉴的方法；东京大学和名古屋大学则在校园无障碍改造中制定了详细的实施细则，注重软件硬件的综合考量，将无障碍改造纳入校园建设中；哈佛大学积极考虑校园公共设施无障碍在各个领域的覆盖。此外，国外高校大多设有残障事务办公室，根据残障学生的需求，从入校到毕业提供一整套针对残障学生的个性化服务。

国内校园无障碍环境建设起步较晚，代表性的有清华大学、北京大学、浙江大学等。2016年4月23日，为顺应融合教育趋势，助力实现教育平等，清华大学成立无障碍发展研究院，并先后举办清华大学—东京大学无障碍发展学术探讨会和"包容与多样"无障碍发展国际学术大会。研究院积极参加校内无障碍改造活动，并支持兄弟高校的校园无障碍环境建设工作。北京大学也启动了校园无障碍设施调查项目，推进撰写《全国无障碍校园标准》，建设友好燕园。

（三）复旦大学校园无障碍环境建设机遇与挑战并存

复旦大学经济学院2015级本科生张震曾说："跨过高考一关，却迈不过二教一级"。高中时期因为意外跌落导致终身残疾的他战胜了病痛，考上了梦想的复旦，却面临校园生活的重重阻碍。对于大多数功能正常者而言，校园中的无障碍设施大多数时候"形同虚设"，但普通人跨一步就能过去的槛，对于功能障碍者而言就是一堵墙。所有的障碍本质上都是意识观念上的障碍。2017年，清华大学无障碍研究院针对师生开展的网络问卷调查显示，大部分师生认为无障碍设施的服务对象局限于残疾人，但实际上，因受伤或其他原因导致的暂时行动不便、年纪比较大、腿脚不方便的教职工、孕妇、小孩乃至搬重物者等，都对无障碍设施有着较高的需求，然而这些需求长久以来都被忽视。

2015年12月，复旦大学残疾问题研究中心成立，聚焦我国残疾问题治理，也更加呼吁加强校园无障碍建设，提高校园生活质量。为了解复旦大学校园无障碍设施建设情况，2017年4月22日、23日，《复旦青年》邀请六名在校生模拟功能障碍者，亲身体验使用轮椅通行于复旦大学邯郸校区各公共场所无障碍设施的感受。结果发现各场所无障碍建设情况可分为以下几个等级：（1）设施完备、基本通畅（光华楼、旦苑餐厅等）；（2）设施不全、只有一处出入口（三教、五教、六教）；（3）设施老旧且不完备、使用体验差（文图、理图、南区宿舍等）；（4）没有无障碍设施、地面不平整（东区宿舍）。体验者纷纷表示"一个很小的铁门槛，平时可能丝毫不会留意，坐在轮椅上时却成了很大的障碍"。部分因受伤而暂时行动不便的师生也表示："受伤后更能感受到电梯的重要性"。

  无障碍设施的不完善，如同一扇大门，将残障人士和学校隔离开来，经过初步考察发现，复旦大学枫林校区无障碍建设也存在很多问题，比如校园中的大量建筑都是既有建筑，建成年代较为久远，无障碍设施落后，给校园中的残障师生、因受伤或其他原因造成暂时性行动不便的师生、来访者造成有形或者无形的障碍，未能充分满足其学习、生活、科研需求。在融合教育大背景下，国家"十四五"规划将对高等院校的无障碍环境建设提出更高和更加全面的要求，国内各高校也在积极推动高校无障碍环境建设，例如2020年广东省中山市发布《关于加快推进高等学校无障碍设施建设整体提升无障碍环境建设水平的通知》，清华大学"校园无障碍专项规划"也通过专家评审验收等。

  复旦大学作为国内一流高校，也应该抓住"十四五"战略机遇期，积极推进校园无障碍环境建设，提高校园生活质量，迈向中国特色世界一流大学前列。作为复旦人，我们对校园环境建设都有义不容辞的责任，作为复旦大学中国残疾问题研究中心的研究生，依托于中国残联复旦大学无障碍环境研究基地，我们有更强的责任感和使命感为校园无障碍环境建设添砖加瓦。希望能够设计校园无障碍环境建设调查工具包，以复旦大学枫林校区为试点，实地考察复旦大学校园无障碍环境建设现状及存在的问题，为复旦大学"十四五"发展规划的制定建言献策。

二、校园无障碍环境建设的目的与目标

  校园无障碍环境建设的目标就是以通用无障碍作为设计理念，循序渐进地推动学校无障碍环境的优化，建设方便广大师生和来访者中的肢体障碍者、视力障碍者、暂时性行动不便者、孕妇、老人乃至全体成员学习和工作的无障碍校园环境。

  本次调查希望基于不同人群的学习、工作和生活需要，以复旦大学枫林校区为试点，对校园无障碍环境建设情况进行个体诊断和整体诊断，从现状中发现问题，并提出针对性、可行性的建议，从而提升我们的校园环境质

量，建设更加通用、包容的校园。

（一）基础目标

（1）基于师生需求视角，根据不同功能的建筑分类确定复旦大学校园主要功能单元与建筑，最终形成复旦大学校园枫林校区内部建筑调查清单；

（2）根据公共无障碍设施与器械类别，厘清不同场所所应包含的设施清单，构建各个场所的调查目录；

（3）整合前期所列出的公共无障碍设施和无障碍设施目录并制定相应的调查条目，再结合实际调查目录填充条目，构建复旦大学校园无障碍环境建设评估工具；

（4）运用构建的评估工具在枫林校区内开展评价，发现问题，提示改进方向。

（二）个体诊断目标

发现每栋建筑/设施存在的问题，提出针对性的改造建议，形成33栋楼的个体诊断报告。

（三）整体诊断目标

在个体诊断的基础上，归纳枫林校区无障碍环境建设中各种问题的存在率，按照改造的必要性和难易程度排序，形成能满足基本需求的最低标准的改造建议，以及整体提升校园无障碍环境建设的改造建议。提高校园无障碍环境建设的意识，分阶段、有计划地将无障碍建设融入校区建设规划中。

第二节 校园无障碍环境的诊断路径

一、前期：方案制定与调查准备

（一）形成调查地与目标设施清单

在前期准备阶段，首先需要的就是根据调查目的建立一套纳入排除标准来确定最终的调查对象。项目组成员通过学校官网下载的枫林校区电子地图获取了枫林校区所有建筑和楼宇名单，参考前期确定的调查目的和校园无障碍相关研究或项目的文献、报告，对枫林校区内所有的建筑和楼宇进行了初步筛选与分类，最终确定了33处建筑或场所作为此次的调查对象。

接着，将满足纳入排除标准的建筑按照其所能满足的需求划分为三种功能类别：教学研功能建筑（满足教导、学习、科研需求，例如图书馆、行政楼、教学楼等）、生活服务功能建筑（满足基本生活需求，例如食堂、宿舍、超市等）以及休闲功能建筑（满足休闲、社交、体育锻炼等需求，如游泳馆、体育活动中心等）。

最后根据不同的功能分类以及楼宇自身特点，列出每处调查地点应该调查的设施，并汇总形成最终的调查清单，见表8-2-1。

表8-2-1 枫林校区无障碍调查清单

位置	场所	地点编号	校内地址（编码）	位置	场所	地点编号	校内地址（编码）
西区（X）	教学楼	FXJ01	成教	东区（D）	科研楼/行政楼	FDJ01	东1
		FXJ02	二教			FDJ03	东3
	科研楼/行政楼	FXJ06	西6			FDJ04	东4
		FXJ07	西7			FDJ05	东5
		FXJ08	西8			FDJ09	东8
		FXJ13	西13			FDJ11	一号医学科研楼
		FXJ24	西24			FDJ12	二号医学科研楼
		FXJ25	西25			FDJ10	治道楼
	图书馆	FXJ10	康泉图书馆		报告厅	FDJ13	明道楼
	自习室	FXJ11	B1自习室		功能服务点	FDS14	打印店
	食堂	FXS01	西苑食堂		停车场	FDS15	校内停车棚
		FXS02	清真餐厅		绿地	FDX16	东区医学生誓言碑、颜福庆草坪
	宿舍	FXS03	二号书院楼	其他（Q）	走道	FQQ01	整体
		FXS04	留学生公寓		标识	FQQ02	整体
		FXS05	西20、21号楼				
	超市	FXS06	校内便利店（理发店、打印店）				
	功能服务点	FXS07	取款机				
		FXS08	快递点				
	医务室	FXS09	西6号楼一楼				
	停车场	FXS10	校内停车棚				
	游泳馆	FXX01	综合游泳馆				
	活动中心	FXX02	学生体育活动中心				
	绿地	FXX03	西苑草坪				

(二)筹备调查相关工具与预调研

项目组根据调查清单,首先从设施设计与安装规范性的角度出发,参考《无障碍设计规范》(GB50763-2012)中对于清单上设施的设计规范建议形成相应无障碍设施的规范标准,据此形成了能全面调查建筑内无障碍设施的定量调查工具。

除此之外,项目组也从设施使用体验的角度出发,计划通过安排调查人员模拟残障人士在使用相应设施过程中的真实情境的方式,获取人们对于相关设施使用的直观感受,并对建筑提出定性角度的情况阐释。

项目组于 2020 年 7 月 29 日进行了一次预调研,6 名调查人员走访了东区复星楼、东一号楼两处建筑,并根据这次预调研的结果对调查工具以及调研方案进行了重新整理和修改。

图 8-2-1 复星楼无障碍坡道及低位服务设施

2020 年 8 月 2 日下午,经过对预调研结果的吸收转化,项目组在原有基础上对调查工具和调查方案进行了改进,并组织全部 34 名调查人员进行了细致的线上调查培训,培训内容包括调查地点的选取、调查工具的使用、调查计划流程与人员安排以及一系列协调工作。

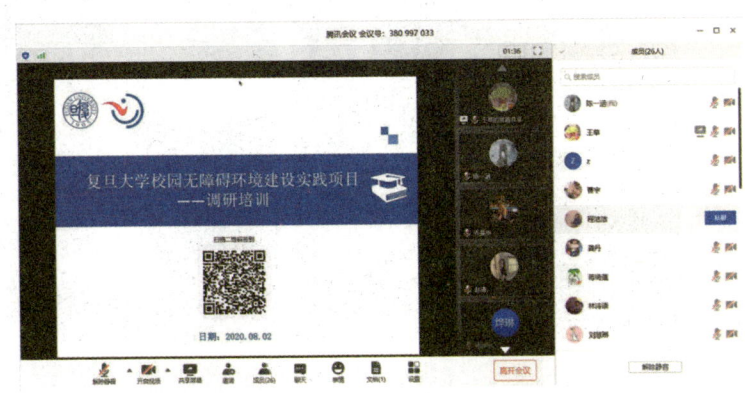

图 8-2-2 无障碍校园调研调查员培训

二、中期：方案实施与现场协调

（一）调查协调工作

由于正值疫情严控期间，调查人员大多无法直接进入校园，项目组与校管委会进行了深度合作，由校管委会出面进行沟通协调，并提前配备相应的调查人员工作证，顺利地获得了入校调研的资格，并成功进入各建筑楼宇进行调研。

图 8-2-3　无障碍校园调查工作人员证

（二）现场调查安排

2020 年 8 月 3 日、8 月 4 日两天，项目组按照预定计划开展了正式的调研工作。34 名调查人员对枫林校区所有的建筑进行了"地毯式"调查。34 名调查人员共分为 11 组，每组 3—4 人，并按照建筑排布的地理位置以及组内成员具体情况将调查名单上的 33 处建筑和楼宇分配给各个调查小组，每组负责 2—5 个调查地点。各小组成员按照前期培训的调查方式，通过电子版结构化问卷（问卷星）及纸质版定制化问卷进行数据的收集和整理，在遇到特殊情况或无法协调的困难则联系项目组相关负责人员解决。

图 8-2-4　无障碍校园现场调查

三、后期：结果分析与评估反馈

（一）调查结果情况

在校管委会的帮助下，无障碍校园建设项目的正式调查在两天内顺利结束，调查全面覆盖了枫林校区各大建筑和楼宇，并且基本完成了大部分预定的调查任务，但也有部分地点因为种种原因未能完成：

（1）医学实验动物楼正在翻修，无法进入调查；

（2）东苑打印店已经关闭，无须进行调查；

（3）二号科研楼尚未竣工，无法进入调查。

除上述三处建筑或场所之外，其余地点均落实调查任务，基本完成了前期的调研计划目标，实现了校内建筑与楼宇的"全覆盖"。

（二）调查信息反馈

调查结束后，项目组通过问卷星回收了电子版结构化问卷的数据，并利用前期预调查形成的个体诊断报告作为模板，以此为样例帮助大家完成每个调查对象的个体诊断报告。

8月25日，各个建筑与楼宇的个体诊断报告正式收集完毕。原预计调查地点36处，实际调查33处，完成率91.6%；部分地点合并形成报告，最终回收个体诊断报告共计32份，电子问卷共回收31份。

第三节　校园无障碍环境的建设情况

一、无障碍评估工具的评估结果

（一）无障碍楼梯

本次调查共覆盖32个场所，其中13个（40.62%）场所无楼梯，19个（59.38%）场所有楼梯。在有楼梯的19个场所中，9个（47.37%）有无障碍楼梯。本次共调查42处楼梯，其中27处（64.29%）为无障碍楼梯。因考察条目较多，表8-3-1列举了42处楼梯的部分无障碍设计达标情况。

表8-3-1　枫林校区42处楼梯无障碍设计达标情况统计

无障碍楼梯设计要求	达标数（处）	达标率（%）
宜采用直线形楼梯	29	69.05
公共建筑楼梯的踏步宽度不应小于280mm，踏步高度不应大于160mm	17	40.48
不应采用无踢面和直角形突缘的踏步	24	57.14
宜在两侧均做扶手	13	30.95
如采用栏杆式楼梯，在栏杆下方宜设置安全阻挡措施	18	42.86
踏面应平整防滑或在踏面前缘设防滑条	27	64.29
距踏步起点和终点250mm—300mm宜设提示盲道	8	19.05
踏面和踢面的颜色宜有区分和对比	17	40.48
楼梯上行及下行的第一阶宜在颜色或材质上与平台有明显区别	18	42.86

由表8-3-1可见，在楼梯的无障碍考察条目中，"宜采用直线楼梯""踏面应平整防滑或在踏面前缘设防滑条""不应采用无踢面和直角形突缘的踏步"的达标率相对较高，分别为69.05%、64.29%和57.14%。"楼梯踏步宽度不小于280mm，高度不大于160mm""踏面和踢面颜色宜有区分和对比"

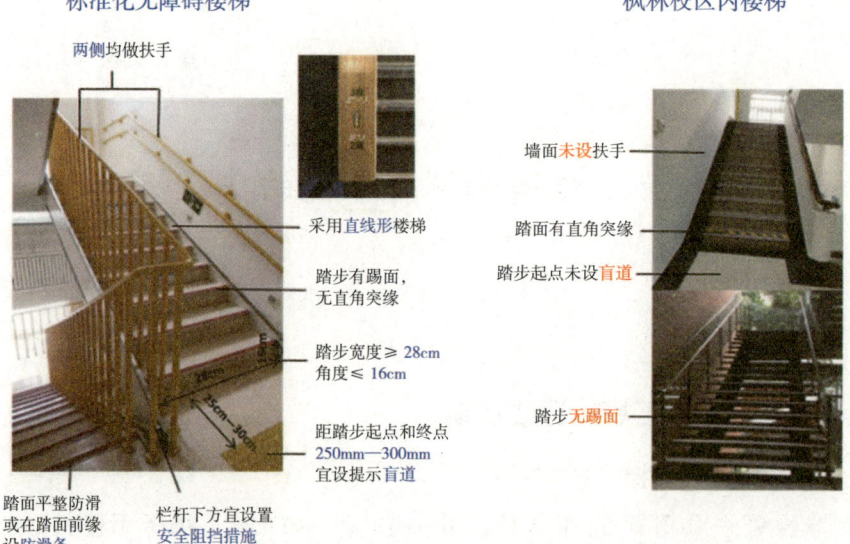

图8-3-1　标准化无障碍楼梯与枫林校区内楼梯比较

"距踏步起点和终点250mm—300mm宜设提示盲道"达标率较低,分别为40.48%、40.48%、19.05%。说明楼梯设计中在"直线形""踏步平整、没有突缘"及"带防滑条"这些硬件配备上相对较好,但"踏面和踢面有颜色区分""楼梯上行和下行第一阶与平台有颜色区分"以及盲道设置方面做得不到位。

(二)无障碍台阶

本次调查共覆盖32个场所,其中2个(6.25%)场所室内外为无高度差、无台阶,30个(93.75%)场所设有室内外台阶。本文列举了这30处台阶具体无障碍设计达标情况,见表8-3-2。

表8-3-2 枫林校区30处场所室内外台阶无障碍设计达标情况统计表

无障碍台阶设计要求	达标数(处)	达标率(%)
公共建筑的室内外台阶踏步宽度不宜小于300mm,踏步高度不宜大于150mm,并不应小于100mm	14	46.67
踏步应防滑	24	80.00
三级及三级以上的台阶应在两侧设置扶手	15	50.00
台阶上行及下行的第一阶宜在颜色或材质上与其他台阶有明显区别	12	40.00

由表8-3-2可见,"踏步应防滑"这项指标达标率达80%,说明目前在台阶防滑这方面做得较好。但在"台阶上行及下行第一阶的颜色和材质设置得有明显区别""三级及三级以上的台阶应在两侧设置扶手"和踏步宽度高度方面做得不到位。

(三)无障碍电梯

本次调查共覆盖32个场所,其中有9个(28.13%)场所安装了电梯,其中5个(15.63%)场所设有无障碍电梯。本文列举了这5个场所无障碍电梯的具体无障碍设计达标情况统计。因考察条目较多,本文列举了其中部分指标的达标情况,见表8-3-3。

由表8-3-3可见,各项设计指标的达标率基本都达到了60%以上。在考察条目中,"在轿厢的侧壁上应设高0.90m—1.10m带盲文的选层按钮,盲文宜设置于按钮旁"和"轿厢的侧壁上应设高850mm—950mm扶手"的达标率较高,均为100%。"电梯出入口宜设置提示盲道"这一指标达标率为40%,提示盲道设置方面做得不到位。

表 8-3-3　枫林校区 5 处场所无障碍电梯设计达标情况统计表

无障碍电梯设计要求	达标数（处）	达标率（%）
电梯门洞的净宽度 0.90m—1.10m	3	60.00
候梯厅深度不宜小于 1.5m	4	80.00
电梯出入口宜设置提示盲道	2	40.00
候梯厅应设电梯运行显示装置和抵达音响	4	80.00
在轿厢的侧壁上应设高 0.90m—1.10m 带盲文的选层按钮，盲文宜设置于按钮旁	5	100.00
轿厢的侧壁上应设高 850mm—950mm 扶手	5	100.00
轿厢正面高 900mm 处至顶部应安装镜子或采用有镜面效果的材料	4	80.00
轿厢规格：深度不应小于 1.40m，宽度不应小于 1.10m	3	60.00

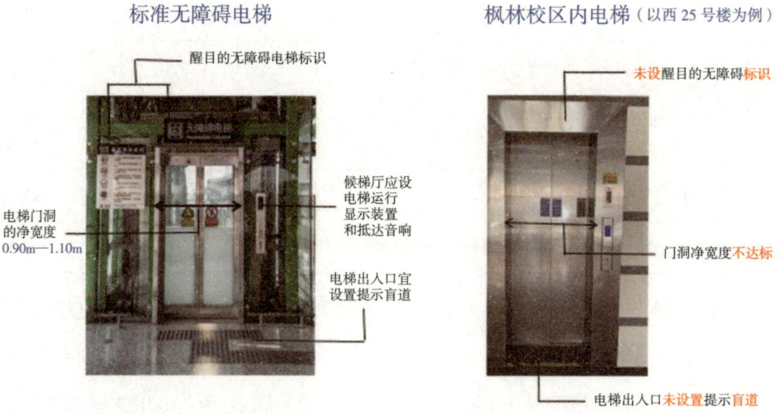

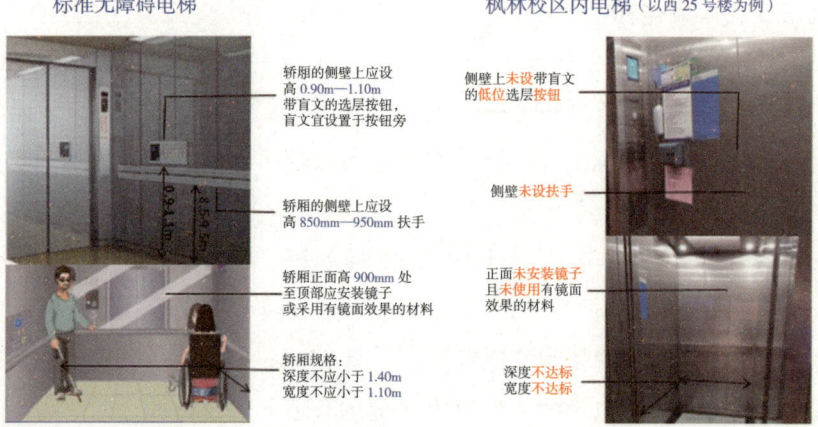

图 8-3-2　标准化无障碍电梯与枫林校区内电梯比较（外部）

图 8-3-3　标准化无障碍电梯与枫林校区内电梯比较（内部）

（四）无障碍指示牌

本次调查共覆盖 32 个场所，其中 7 个（21.88%）场所的无障碍设施设有相应的无障碍标识，25 个（78.12%）未设无障碍标识。本文列举了这 7 个场所无障碍标识的具体无障碍设计达标情况，见表 8-3-4。

表 8-3-4　枫林校区 7 处场所无障碍标识设计达标情况统计表

无障碍标识设计要求	达标数（处）	达标率（%）
无障碍标志应醒目，避免遮挡	5	71.43
无障碍标志应纳入建筑内部的引导标志系统，形成完整的系统，清楚地指明无障碍设施的走向及位置	5	71.43
盲文标志的盲文必须采用国际通用的盲文表示方法	7	100.00

可见，32 个场所总体上无障碍标识的设置率较低，但在已经设置了无障碍标识的地方，其标识基本都符合设计要求，各考察条目的达标率均在 70% 以上。

（五）无障碍通道

本次调查共覆盖 32 个场所的内外通道、通道墙壁和门。因考察条目较多，本文列举了 32 处场所通道的部分无障碍设计达标情况，见表 8-3-5。

表 8-3-5　枫林校区 32 处场所无障碍通道设计达标情况统计表

无障碍通道设计要求	达标数（处）	达标率（%）
室外通道不宜小于 1.80m	15	46.88
检票口、结算口轮椅通道不应小于 900mm	14	43.75
不应采用力度大的弹簧门并不宜采用弹簧门、玻璃门；当采用玻璃门时，应有醒目的提示标志	10	31.25
门开启后的通行净宽度不应小于 800mm	20	62.50
在门扇内外应留有直径不小于 1.50m 的轮椅回转空间	21	65.63
无障碍通道上的门扇应便于开关	18	56.25

由表 8-3-5 可见，在通道的无障碍考察条目中，各项条目的达标率大致都在 40% 至 65% 这一区间内。"不应采用力度大的弹簧门并不宜采用弹簧门、玻璃门；当采用玻璃门时，应有醒目的提示标志"这一指标的达标率较低，为 31.25%，提示目前各场所的门开启难度均较大。

(六)无障碍低位服务设施

本次调查共覆盖25栋楼宇、128个楼层的52处无障碍低位服务设施。其中有7栋（28%）楼宇设置了无障碍低位服务设施，18栋（72%）楼宇未设置无障碍低位服务设施；其中有28个（21.88%）楼层设置了无障碍低位服务设施，100个（78.12%）楼层未设置无障碍低位服务设施。表8-3-6列举了52处无障碍低位服务设施的无障碍设计达标情况。

表8-3-6 枫林校区52处无障碍低位服务设施的无障碍设计达标情况统计表

无障碍低位服务设施设计要求	达标数（处）	达标率（%）
设施上表面距地面高度宜为700mm—850mm	49	94.23
设施下部宜至少留出宽750mm、高650mm、深450mm供乘轮椅者膝部和足尖部的移动空间	36	69.23
低位服务设施前应有轮椅回转空间，回转直径不小于1.50m	33	63.46
垂直面操作设施（圈存机）离地不应高于900mm	20	38.46

由表8-3-6可见，"设施上表面距地面高度宜为700mm—850mm"指标的达标率高达94.23%，说明目前无障碍低位服务设施在高度设计上做得较好；"垂直面操作设施（圈存机）离地不应高于900mm"指标的达标率最低，为38.46%，说明校内大部分圈存机的高度不满足无障碍设计。

(七)无障碍轮椅坡道

本次调查共覆盖25栋楼宇的23处轮椅坡道。本文列举了23处轮椅坡道的无障碍设计达标情况，见表8-3-7。

表8-3-7 枫林校区23处轮椅坡道无障碍设计达标情况统计表

无障碍轮椅坡道设计要求	达标数（处）	达标率（%）
室内是否有轮椅较难跨越的高差（如台阶、踏步等）	13	56.52
轮椅坡道宜设计成直线形、直角形或折返形	11	47.83
轮椅坡道的净宽度不应小于1.00m	12	52.17
轮椅坡道的高度超过300mm且坡度大于1:20时，应在两侧设置扶手	11	47.83
轮椅坡道的最大高度和水平长度是否符合规定	8	34.78
轮椅坡道的坡面应平整、防滑、无反光	12	52.17
轮椅坡道起点、终点和中间休息平台的水平长度不应小于1.50m	9	39.13
轮椅坡道临空侧应设置安全阻挡措施	7	30.43

由图 8-3-4 可见，在轮椅坡道的无障碍考察条目中，"轮椅坡道临空侧应设置安全阻挡措施""轮椅坡道的最大高度和水平长度是否符合规定"和"轮椅坡道起点、终点和中间休息平台的水平长度不应小于 1.50m"这三项指标的达标率相对较低，分别为 30.43%、34.78% 和 39.13%。结果提示大部分楼宇轮椅坡道的设计并不规范，尤其体现在安全性和便捷性两方面。

图 8-3-4　标准化无障碍轮椅坡道与枫林校区内无障碍轮椅坡道比较

（八）无障碍卫生间

本次调查共覆盖 25 栋楼宇的 195 个卫生间，其中 9 个（4.61%）卫生间是无障碍卫生间，186 个（95.39%）卫生间不是无障碍卫生间。因考察条目较多，本文列举了这 9 个无障碍卫生间的部分无障碍设计达标情况，见表 8-3-8。

由表 8-3-8 可见，无障碍卫生间各项设计考察条目的达标率结果跨度较大，结果总体在 44.44% 到 88.89% 之间。其中，"女卫生间、男卫生间至少各有 1 个无障碍厕位、1 个无障碍洗手盆"这一指标的达标率相对较高，为 88.89%；"取纸器在坐便器侧前方，高度为 400mm—500mm"这一指标的达标率较低为 44.44%。

表 8-3-8　枫林校区 9 处无障碍卫生间设计达标情况统计表

无障碍卫生间设计要求	达标数（处）	达标率（%）
女卫生间、男卫生间至少各有 1 个无障碍厕位、1 个无障碍洗手盆	8	88.89
卫生间入口和通道方便轮椅进出回转，回转直径不小于 1.50m	7	77.78
门易开启，通行净宽度不小于 800mm，门外应设有紧急开启的插销	5	55.56
地面防滑、不积水	5	55.56
无障碍厕位宜为 2.00m×1.50m，不小于 1.80m×1.00m	7	77.78
厕位内设坐便器，两侧距地面 700mm 设长度不小于 700mm 的水平安全抓杆，另一侧设高 1.40m 垂直安全抓杆	6	66.67
取纸器在坐便器侧前方，高度为 400mm—500mm	4	44.44
安全抓杆应安装牢固，直径应为 30mm—40mm，内侧距墙不应小于 40mm	6	66.67

标准无障碍卫生间

枫林校区内无障碍卫生间

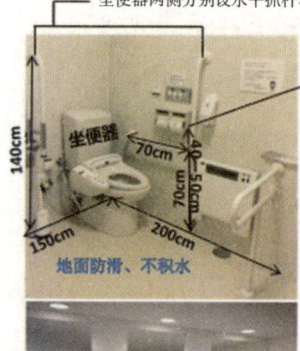

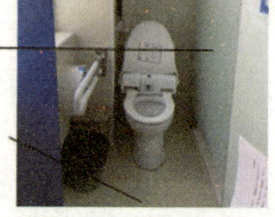

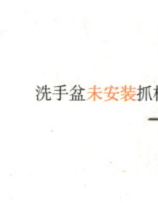

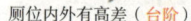

图 8-3-5　标准化无障碍卫生间与枫林校区内无障碍卫生间比较

（九）无障碍轮椅席位

校园目前并未在各楼宇内设置无障碍轮椅席位。

体育场内的标准无障碍轮椅席位

枫林校区食堂内没有轮椅席位

图 8-3-6　标准化无障碍轮椅席位

（十）无障碍宿舍

本次调查的 25 栋楼中有 4 栋为宿舍楼，而其中 3 栋宿舍楼设有共 70 间无障碍宿舍。本文列举了这 70 间无障碍宿舍的无障碍设计达标情况，见表 8-3-9。

表 8-3-9　枫林校区 70 间无障碍宿舍无障碍设计达标情况统计表

无障碍宿舍设计要求	达标数（间）	达标率（%）
门开启后的净宽不应小于 800mm	70	100.00
室内走道应设为无障碍通道并设置扶手	62	88.57
浴盆、淋浴、坐便器、洗手盆及安全抓杆等应视情况设置且符合规定	0	0.00
单人卧室面积不应小于 7.00m^2，双人卧室面积不应小于 10.50m^2	2	2.86
室内应设求助呼叫按钮	0	0.00
家具和电器控制开关的位置和高度应方便乘轮椅者靠近和使用	2	2.86

由表 8-3-9 可见，在无障碍宿舍的考察条目中，"门开启后的净宽不应小于 800mm" 和 "室内走道应设为无障碍通道并设置扶手" 两项条目的达标率较高，分别为 100.00% 和 88.57%；而其余四项指标的达标率几乎为零，说明除了无障碍宿舍的室内外通行较为方便，宿舍内各项生活设施的设计并不规范、使用并不便捷。

浴室内外有台阶

标准化无障碍公寓内景

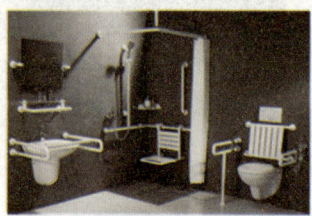

卫生间无安全抓杆

浴室无坐浴椅和安全抓杆

标准化无障碍公寓卫生间内景　　枫林校区无障碍公寓卫生间内景

图 8-3-7　标准化无障碍公寓与枫林校区内无障碍宿舍比较

二、调查员现场考察的调查结果

（一）东苑教学研楼宇

本次调研的东苑教学研楼宇共 7 幢，分别为东 3、东 4、东 5、东 9、治道楼、明道楼、法医楼。楼宇用途及服务人群情况统计见表 8-3-10，由表可见，这 7 幢楼宇用途集中于行政、会议及科研，主要面向学生、教职工和访客提供服务。

表 8-3-10　枫林校区东苑教学研楼宇用途及服务人群统计

	楼宇数（n）	百分比（%）
用途		
行政	5	71.43
会议	5	71.43
科研	4	57.14
实验	2	28.57
教学	1	14.29
服务人群		
学生	5	71.43
教职工	4	57.14
访客	3	42.86
校工	2	28.57
物业服务人员	2	28.57

这7幢建筑建成年代较早,无障碍设施建设情况较差。经过现场调查发现,7幢楼宇无障碍设计问题主要体现在以下方面:(1)无障碍出口的门开启阻力过大且净宽度不达标;(2)大多数楼宇未设置无障碍卫生间;(3)大多数楼宇未设置无障碍电梯;(4)无障碍楼梯的踏面和踢面颜色无区分,踏步起点和终点无提示盲道,踏步为直角形突缘且无安全包边;(5)大多数楼宇未设置低位服务设施;(6)大多数楼宇未设置无障碍标识。见表8-3-11。

表8-3-11 枫林校区东苑7幢教学研楼宇无障碍设施问题统计

无障碍设施	问题诊断	问题提及率n(%)
无障碍出入口	门开启阻力大	5(71.42)
	门开启净宽度不达标	4(57.14)
	入口与建筑体高差明显	2(28.57)
	入口斜处坡度过大、横径过窄	1(14.29)
无障碍卫生间	未设置无障碍卫生间	5(71.42)
	无障碍卫生间数量不足	1(14.29)
	无障碍厕位回转空间不足	1(14.29)
	未设置安全抓杆	1(14.29)
无障碍电梯	未设置无障碍电梯	6(85.71)
	有无障碍电梯但按钮无盲文标识	1(14.29)
	有无障碍电梯但无低位扶手	1(14.29)
	有无障碍电梯但无镜子	1(14.29)
无障碍楼梯	踏面和踢面颜色无区分	7(100.00)
	踏步起点和终点无提示盲道	5(71.42)
	楼梯踏步为直角形突缘,无安全包边	5(71.42)
	栏杆式楼梯下方无安全阻挡措施	1(14.29)
	只有单侧栏杆	1(14.29)
低位服务设施	未设置低位服务设施	6(85.71)
	有公共饮水机但高度不达标	1(14.29)
无障碍标识	未设置无障碍标识	7(100.00)

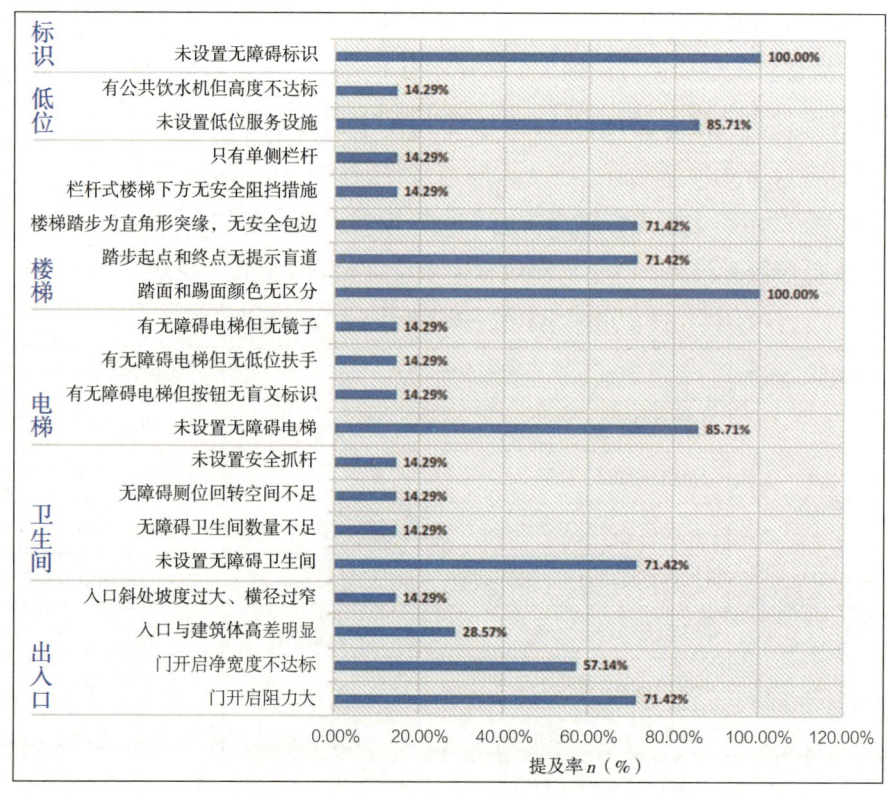

图 8-3-8　东苑教学研楼宇问题及提及率

针对东苑 7 幢教学研楼宇存在的设计问题，结合楼宇基本情况及实际改造难度提出相应改造建议，主要建议包括以下几个方面：（1）无障碍出入口更换开启阻力小的门，加大门开启宽度且两侧门常开；（2）按建设标准增设无障碍卫生间；（3）按建设标准增设无障碍电梯或改造现有电梯；（4）按建设标准增设低位服务台、饮水机及无障碍标识。因楼宇建成年代比较久远，其中 6 幢楼宇改造难度较大，1 幢楼宇改造难度一般，见表 8-3-12。

表 8-3-12　枫林校区东苑 7 幢教学研楼宇无障碍改造建议统计

无障碍设施	改造建议	建议提及率 n（%）
无障碍出入口	更换开启阻力小的门	6（85.71）
	加大门开启宽度，两侧门常开	4（57.14）
	改造入口斜坡与一楼地面齐平	1（14.29）
	延长、增宽入口坡道	1（14.29）
	改造入口坡道为防滑无反光材质	1（14.29）

续表

无障碍设施	改造建议	建议提及率 n（%）
无障碍卫生间	按标准增设无障碍卫生间	6（85.71）
	改造现有厕所为无障碍厕所	2（28.57）
	清空卫生间内外通道的障碍设施，扩大轮椅回转空间	1（14.29）
无障碍电梯	按标准增设无障碍电梯	6（85.71）
	改造现有电梯，增设低位按钮、低位扶手、盲文和镜子	3（42.86）
低位服务设施	按标准增设低位服务台、饮水机等设施	7（100.00）
无障碍标识	在各处无障碍设置旁张贴醒目的无障碍标识	7（100.00）

（二）西苑教学研楼宇

本次调研的西苑教学研楼宇共10幢，分别为一教、二教、西6、西7、西8、康泉图书馆、B1自习室、西13、西24、西25。楼宇用途及服务人群情况统计见表8-3-13，由表可见，这10幢楼宇主要用途集中于行政、教学、科研，主要面向学生、教职工和访客提供服务。

表8-3-13 枫林校区西苑教学研楼宇用途及服务人群统计

	楼宇数（n）	百分比（%）
用途		
行政	6	60.00
教学	5	50.00
科研	5	50.00
会议	4	40.00
实验	1	10.00
服务人群		
学生	10	100.00
教职工	10	100.00
访客	10	100.00

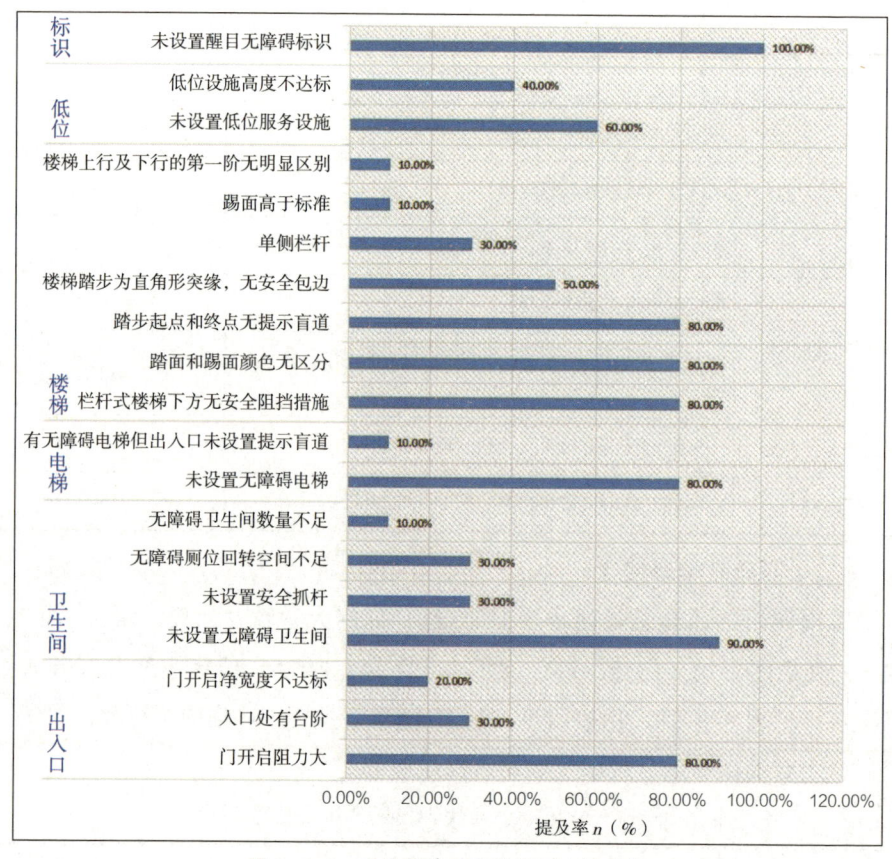

图 8-3-9　西苑教学研楼宇问题及提及率

这 10 幢建筑中，有 7 幢为老旧建筑，有 6 幢的无障碍建设情况差。经过现场调查发现，10 幢楼宇无障碍设计问题主要体现在以下方面：(1) 无障碍出入口开启阻力过大；(2) 大多数楼宇未设置无障碍卫生间；(3) 楼宇未设置无障碍电梯；(4) 大多数楼梯的栏杆下方无安全阻挡措施、踏面和踢面颜色无区分以及踏步起点和终点无提示盲道；(5) 未设置低位服务设施及醒目的无障碍标识。见表 8-3-14。

表 8-3-14　枫林校区西苑 10 幢教学研楼宇无障碍设施问题统计

无障碍设施	问题诊断	问题提及率 n（%）
无障碍出入口	门开启阻力大	8（80.00）
	入口处有台阶	3（30.00）
	门开启净宽度不达标	2（20.00）

续表

无障碍设施	问题诊断	问题提及率n（%）
无障碍卫生间	未设置无障碍卫生间	9（90.00）
	未设置安全抓杆	3（30.00）
	无障碍厕位回转空间不足	3（30.00）
	无障碍卫生间数量不足	1（10.00）
无障碍电梯	未设置无障碍电梯	8（80.00）
	有无障碍电梯但出入口未设置提示盲道	1（10.00）
无障碍楼梯	栏杆式楼梯下方无安全阻挡措施	8（80.00）
	踏面和踢面颜色无区分	8（80.00）
	踏步起点和终点无提示盲道	8（80.00）
	楼梯踏步为直角形突缘，无安全包边	5（50.00）
	单侧栏杆	3（30.00）
	踢面高于标准	1（10.00）
	楼梯上行及下行的第一阶在颜色或材质上与平台无明显区别	1（10.00）
低位服务设施	未设置低位服务设施	6（60.00）
	低位设施高度不达标	4（40.00）
无障碍标识	未设置醒目无障碍标识	10（100.00）

针对西苑这10幢楼宇存在的设计问题，结合其基本情况及实际改造难度提出相应改造建议，主要建议包括以下几个方面：（1）出入口更换开启阻力小的门；（2）将楼宇内现有卫生间改造为无障碍卫生间、留足卫生间内轮椅回转空间、降低镜子高度以及在洗手池、卫生间和浴室内部安装安全抓杆；（3）按标准增设无障碍电梯；（4）对于楼宇内的楼梯，在直角形突缘上加装安全包边以及踢面上刷油漆以区分颜色；（5）按建设标准增设低位服务台、饮水机及无障碍标识。因大多数楼宇建成已久，其中6幢楼宇改造难度较大，2幢楼宇改造难度一般，见表8-3-15。

表 8-3-15　枫林校区西苑 10 幢教学研楼宇无障碍改造建议统计

无障碍设施	改造建议	建议提及率 n（%）
无障碍出入口	更换开启阻力小的门	6（60.00）
	加大门开启宽度，两侧门常开	5（50.00）
	设置无障碍轮椅坡道	4（40.00）
	对原有无障碍轮椅坡道进行改造	2（20.00）
无障碍卫生间	改造现有厕所为无障碍厕所	6（60.00）
	留足轮椅回转空间	6（60.00）
	降低镜子高度，在洗手池、卫生间和浴室内部安装安全抓杆	5（50.00）
	按标准增设无障碍卫生间	4（40.00）
	厕门更换开启阻力小的门	2（20.00）
	降低厕位与地面的高差	2（20.00）
无障碍电梯	按标准增设无障碍电梯	8（80.00）
	改造现有电梯，增设低位按钮、低位扶手、盲文或镜子	1（10.00）
无障碍楼梯	踢面上刷油漆以区分颜色	6（60.00）
	在直角形突缘上加装安全包边	5（50.00）
	踏步起点和终点增加提示盲道	3（30.00）
	增加一侧的扶手	3（30.00）
	楼梯栏杆下方增加安全阻挡措施	2（20.00）
低位服务设施	按标准增设低位服务台、饮水机等设施	9（90.00）
无障碍标识	在各处无障碍设置旁张贴醒目的无障碍标识	9（90.00）

（三）东西苑教学研楼宇对比

1. 设施提及问题对比

用东西苑各项设施问题总数除以楼宇总数以形成可比较的权数，对比发现总体来说西苑无障碍设施的问题多于东苑，西苑无障碍设施问题较东苑更为严重。其中，无障碍楼梯、无障碍卫生间、无障碍出入口的提及问题最多。

第八章 校园无障碍环境建设实践案例

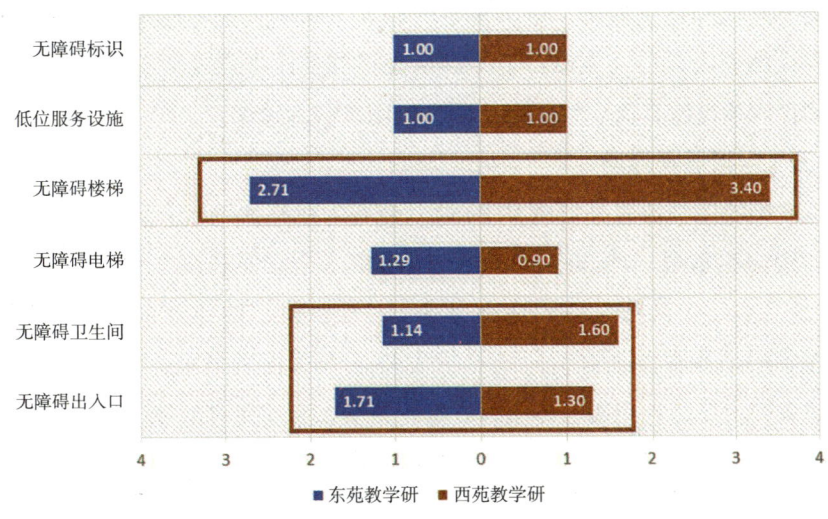

图 8-3-10　东西苑教学研设施提及问题对比

2. 设施问题数与改造建议数对比

在对比不同设施发现问题数量和改进意见数量之后我们发现两者有时并不匹配。例如无障碍楼梯，虽然发现问题数量十分多，但其改进意见并没有特别多。其中可能的原因一方面是无障碍电梯在很多时候会覆盖楼梯的功能，使得相较之下无障碍楼梯的需求不是十分迫切，另一方面可能是因为无

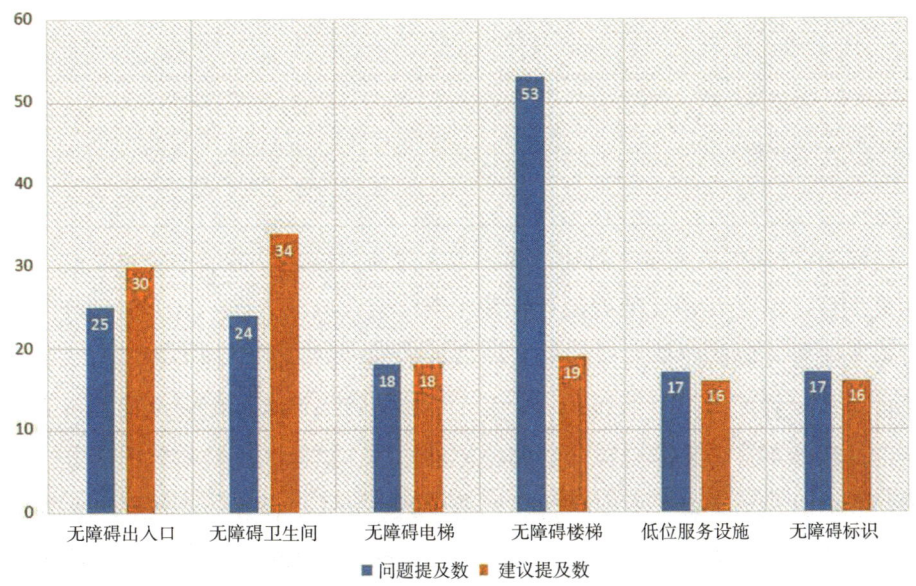

图 8-3-11　东西苑教学研设施问题数与改造建议数对比

167

障碍楼梯虽然问题比较多，但大多数时候并不影响其正常使用。另外，我们还发现无障碍出入口、无障碍卫生间两类设施其改进意见大于问题数量，可以推测这两项设施其重要性较大，师生的需求较为迫切。

（四）生活服务场所

本次调研的生活服务场所共10处，分别为西苑食堂、清真食堂、二号书院楼、留学生宿舍、西20—21号楼、[超市（全家便利店）、打印店、理发店]、复旦大学上海医学院快递服务中心、取款机、西苑停车场、东苑停车场。楼宇用途及服务人群情况统计见表8-3-16，由表可见，这10处场所主要用途集中于住宿、用餐、休闲、停车，主要面向学生和教职工提供服务。

表8-3-16　枫林校区生活服务场所用途及服务人群统计

	楼宇数（n）	百分比（%）
用途		
住宿	3	30.00
用餐	2	20.00
休闲	2	20.00
快递点、取款机	2	20.00
停车	2	20.00
服务人群		
学生	9	90.00
教职工	7	70.00
访客	5	50.00
校工	4	40.00

这10处场所虽大多为新建建筑，但无障碍设施建设情况一般。经过现场调查发现，10处场所无障碍设计问题主要体现在以下方面：（1）出入口为台阶但未设置无障碍轮椅坡道，或者轮椅坡道的设计不符合相关规定；（2）多数楼宇未设置无障碍卫生间；（3）大多数楼宇都未设置无障碍电梯；（4）楼宇内的楼梯不符合无障碍楼梯的相关标准，如：踏面和踢面颜色无区分，楼梯踏步为直角形突缘、无安全包边，踏步起点和终点无提示盲道；（5）大多数楼宇未设置无障碍低位设施；（6）未张贴醒目的无障碍标识；（7）两个停车场的无障碍建设情况均较差，停车位被占用的情况比较严重。见表8-3-17。

表 8-3-17　枫林校区生活服务场所无障碍设施问题统计

无障碍设施	问题诊断	问题提及率 n（%）
无障碍轮椅坡道	未设置轮椅坡道	4（40.00）
	临空侧没有安全阻挡措施	3（30.00）
	轮椅坡道没有扶手	2（20.00）
	轮椅坡道净宽度不达标	1（10.00）
	无障碍坡道的起点长期停放电瓶车及杂物	1（10.00）
	阻力小不防滑	1（10.00）
无障碍出入口	室内外有高差，出入口设置类型为台阶	5（50.00）
	门开启净宽度不达标	2（20.00）
	门开启阻力大	1（10.00）
	出入口坡道较陡	1（10.00）
无障碍卫生间	未设置无障碍卫生间	6（60.00）
	坐便器侧前方无取纸器	1（10.00）
	无障碍厕位回转空间不足	1（10.00）
	未设置安全抓杆	1（10.00）
无障碍电梯	未设置无障碍电梯	7（70.00）
	无障碍电梯的呼救按钮位置过高	1（10.00）
无障碍楼梯	踏面和踢面颜色无区分	4（40.00）
	楼梯踏步为直角形突缘，无安全包边	3（30.00）
	未设置无障碍楼梯	3（30.00）
	踏步起点和终点无提示盲道	2（20.00）
	栏杆式楼梯下方无安全阻挡措施	1（10.00）
低位服务设施	未设置低位服务设施	7（70.00）
	低位设施下部无移动空间，无轮椅回转空间	3（30.00）
	有公共饮水机但高度不达标	2（20.00）
无障碍标识	未设置无障碍标识	10（100.00）
无障碍通道	通道宽度不达标，无轮椅回转空间	2（20.00）
无障碍停车位	未设置无障碍停车位或被占用	2（20.00）

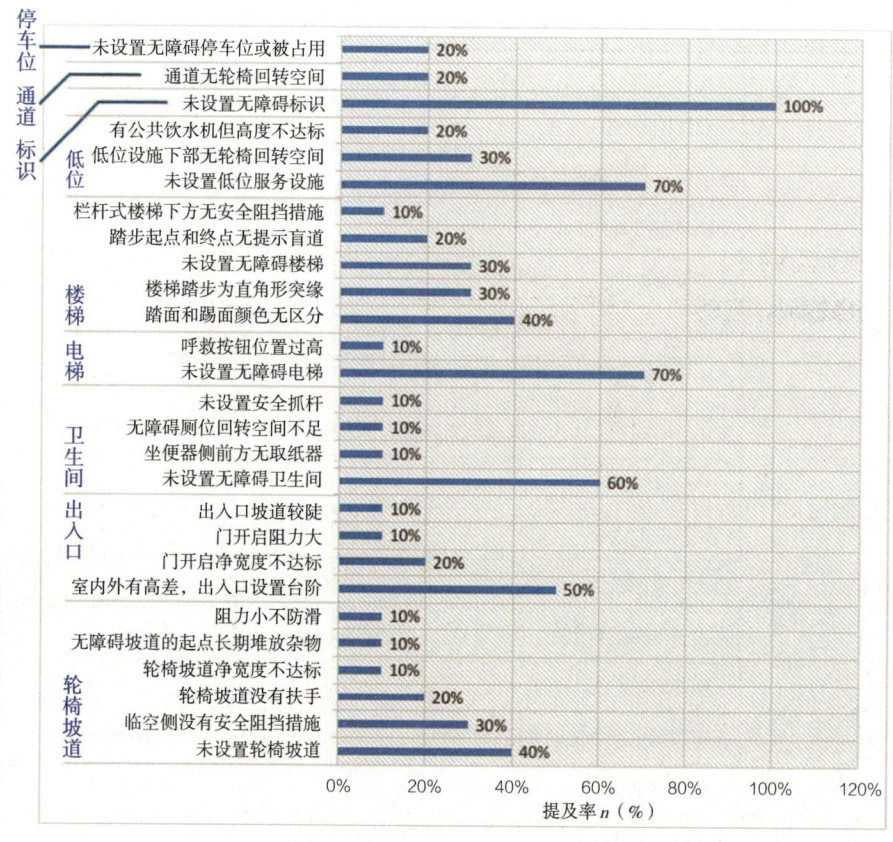

图 8-3-12　枫林校区生活服务场所无障碍设施问题统计

针对生活服务场所存在的设计问题,结合楼宇基本情况及实际改造难度提出相应改造建议,主要建议包括以下几个方面:(1)出入口设置无障碍轮椅坡道;(2)按建设标准增设无障碍卫生间;(3)按建设标准增设无障碍电梯或改造现有电梯;(4)对于楼梯,在直角形突缘上加装安全包边、在踢面上刷油漆以区分颜色;(5)按建设标准增设低位服务台、饮水机及无障碍标识;(6)增加特定场所通道宽度。其中2处改造难度较大,2处改造难度一般,见表8-3-18。

表 8-3-18　枫林校区生活服务场所无障碍改造建议统计

无障碍设施	改造建议	建议提及率 n（%）
无障碍出入口	设置无障碍轮椅坡道	4（40.00）
	轮椅坡道临空侧增加安全阻挡措施	2（20.00）
	拆除门槛	1（10.00）

续表

无障碍设施	改造建议	建议提及率 n（%）
无障碍出入口	延长、增宽入口坡道	1（10.00）
	改造入口坡道为防滑无反光材质	1（10.00）
	禁止物品长期堆放，保持坡道的顺畅	1（10.00）
无障碍卫生间	按标准增设无障碍卫生间	3（30.00）
	改造现有厕所为无障碍厕所	1（10.00）
	降低镜子高度，在洗手池、卫生间和浴室内部安装安全抓杆	1（10.00）
无障碍电梯	按标准增设无障碍电梯	2（20.00）
	改造现有电梯，增设低位按钮、低位扶手、盲文和镜子	2（20.00）
无障碍楼梯	在直角形突缘上加装安全包边	3（30.00）
	踢面上刷油漆以区分颜色	3（30.00）
低位服务设施	按标准增设低位服务台、饮水机等设施	4（40.00）
无障碍标识	在各处无障碍设置旁张贴醒目的无障碍标识	9（90.00）
无障碍通道	增加通道宽度	3（30.00）
无障碍停车位	核查残疾人专用车位被占用情况	1（10.00）

（五）休闲娱乐场所

本次调研的休闲娱乐场所共4处，分别为东区颜福庆草坪及誓言碑、西苑草坪、游泳馆和学生活动中心。

东区颜福庆草坪未设游步道。东区草坪、誓言碑及西苑草坪均未设休憩设施，未设轮椅坡道及盲道，无轮椅停留空间，未见无障碍标识。建议东、西苑草坪均至少设计一处坡道出入口、增设并拓宽游步道、增设休憩设施、设置无障碍标识。

游泳馆无障碍建设程度低，配有轮椅方便发生意外时提供便利，未设无障碍电梯等无障碍设施。通过访谈工作人员了解，至今未遇到过行动不便的服务对象及情况，综合考虑游泳馆服务人群，建议无须改造。

学生活动中心主要功能是为师生提供体育锻炼的场所，残障人士一般较少使用；但馆内人员因运动受伤的概率极高，因此要做好服务突发性行动不便者的准备。馆内无障碍建设情况整体较好，只存在轻度障碍，改造难度小。针对其具体用途，提出如下改造意见：（1）调整门开关时的阻力；（2）将空置的无障碍卫生间重新投入使用；（3）主楼梯需加装栏杆扶手下的安全阻挡措施，其余楼梯需加装靠墙侧的扶手；（4）一楼服务台设置低位设施；（5）在无障碍出入口、低位设施、无障碍卫生间等处张贴醒目的无障碍标识。

第四节　校园无障碍环境建设方案

从上述两个角度基本可以得出目前校园无障碍存在的全部问题，并且对问题既有理性理解，又有感性感知。客观定量部分的结果可以作为问题严重性的依据，而主观定性部分的结果也可以作为问题重要性的依据。

由上也可以看出，校园无障碍目前存在的问题还较多，对其改造势必是一个庞大的系统工程，不可一蹴而就，因此其改造方案必然是一个系统性强、阶段分明的计划。基于这个观点我们提出了"局部与整体并行，短期与长期综合"的优化策略，逐步将无障碍建设融入校园改造方案中，改善校内全体人群使用相应设施时的体验。

一、形成校园无忧行动方案

为保障残障学生的基本生活、学习需求，综合评估校内各场所使用频率、无障碍环境建设程度及无障碍环境改造难度，拟选取二号书院楼、第二教学楼、西苑食堂、康泉图书馆及全家便利店作为枫林校区"宿舍楼—教学楼—食堂—图书馆—超市"五处基本功能场所，并围绕这五个场所制定短期及长期无障碍改造方案。

这也体现了"由易到难、由简到繁"的基本思路，以实现"居住无忧、上课无忧、用餐无忧、借阅无忧、购物无忧"的基本保障为主要抓手，力争打造无障碍环境的示范样本。过程中积累相关工作经验，并更好宣传无障碍环境建设的价值和理念，共同营造良好的氛围。

（一）居住无忧——二号书院楼改造方案

二号书院楼人流量大、无障碍环境建设情况较好。短期内可以主要从以下几方面进行无障碍设施维护改造：（1）清除出入口处无障碍坡道上长期停放的电瓶车及堆放的杂物；（2）在一楼大厅设置低位服务台及低位公共饮水设施，服务有需要的师生；（3）改造消防楼梯，台阶凸缘安装安全包边，楼梯栏杆下加装安全阻挡设施，涂饰台阶踢面/踏面使二者有明显颜色区分，贴醒目贴纸条在台阶上以提示楼梯上行及下行第一级台阶；（4）在出入口无障碍坡道、无障碍电梯、低位服务台及饮水设施处张贴醒目的无障碍标识。

长远来看，应从以下几方面对二号书院楼的无障碍设施进行规划布局：（1）在每层楼已规划的无障碍宿舍内，将原有卫生间改造为无障碍卫生间；（2）应于距地面 0.90m—1.10m 处增设无障碍电梯的楼层呼叫按钮。

（二）上课无忧——第二教学楼改造方案

第二教学楼人流量大、无障碍环境建设情况较差。短期内可以主要从以下几方面进行无障碍设施维护改造：（1）延长出入口处轮椅坡道的水平长度以降低坡度，在坡道两旁加装安全扶手及安全阻挡设施；（2）改造现有卫生间保证至少每两层有男、女无障碍厕位各一个，拓宽卫生间入口净宽度至 0.8m 以上，增设低位无障碍洗手盆；（3）改造楼梯，台阶凸缘安装安全包边，楼梯两侧均安装扶手，栏杆下加装安全阻挡设施，涂饰台阶踢面/踏面使二者有明显颜色区分；（4）在一楼大厅设置低位服务台服务有需要的师生；（5）在轮椅坡道、改造后的无障碍厕位、低位服务台及饮水设施处张贴醒目的无障碍标识。

长远来看，应从以下几方面对第二教学楼的无障碍设施进行规划布局：（1）加装至少一部无障碍电梯；（2）改造现有卫生间保证每层的男、女卫生间均至少有一个无障碍厕位，男卫生间至少有一个无障碍小便器。

（三）用餐无忧——西苑食堂改造方案

西苑食堂人流量大、无障碍环境建设情况整体较好。短期内可以主要从以下几方面进行无障碍设施维护改造：（1）改造每层食堂的无障碍卫生间，门外增设紧急开启插销，坐便器前增设取纸器；（2）在每层食堂增设无障碍就餐席位；（3）在无障碍出入口、无障碍卫生间、无障碍就餐席位处张贴醒目的无障碍标识。

由于当前西苑食堂仅有扶梯，长远来看需增设连接一楼、二楼及负一楼的无障碍电梯，方便有需要的师生就餐及办理业务。

（四）借阅无忧——康泉图书馆改造方案

康泉图书馆人流量适中、无障碍环境建设情况整体较好。短期内可以主要从以下几方面进行无障碍设施维护改造：（1）出入口的轮椅坡道两侧加装扶手及安全阻挡措施；（2）拓宽无障碍卫生间及无障碍厕位的门至0.8m以上，拓宽无障碍厕位至1.80m×1.00m以上，无障碍厕位门外安装紧急开启插销，无障碍洗手盆处安装抓杆；（3）安全通道楼梯贴醒目贴纸条在台阶上，以提示楼梯上行及下行第一级台阶；（4）拓宽4—6层茶水间门净宽至0.8m以上；（5）出入口无障碍坡道、低位服务台及饮水设施、无障碍卫生间张贴醒目的无障碍标识。

由于康泉图书馆共6层楼，仅有1个无障碍卫生间，为充分便捷有障碍人士应改造现有卫生间保证每层的男、女卫生间均至少有一个无障碍厕位，男卫生间至少有一个无障碍小便器。

（五）购物无忧——全家便利店改造方案

全家便利店人流量适中、无障碍环境建设情况较好。主要问题为便利店内最窄处不满足无障碍通道宽度及回转空间要求，超市外轮椅坡道也缺乏无障碍标识。相关改造建议如下：（1）超市外轮椅坡道处张贴醒目的无障碍标识；（2）与便利店管理人员协商，调整货架摆放间距或由店员主动为有障碍人士提供服务。

二、无障碍校园系统改造方案

为全面、系统改善整个枫林校区的无障碍环境，基于对建议提及率结果及建筑设施改造必要性的综合分析考虑，结合有障碍人士的实际迫切需求，建议分两个批次对各类无障碍设施进行建设、改造。

（一）第一批次改造设施

1. 无障碍轮椅坡道

轮椅坡道对于轮椅使用者是否能进入楼宇具有关键性的作用，现根据目前各楼宇前轮椅坡道的建设情况分以下两方面提供建议。

改造现有轮椅坡道：①在轮椅坡道临空侧设置安全阻挡措施；②延长轮椅坡道水平长度使其坡度符合规定；③延长轮椅坡道起点、终点和中间休息平台的水平长度至 1.50m 以上；④替换轮椅坡道表面材质为防滑材质。主要需要改造的楼宇有：西 7、西 25、法医楼。

增设轮椅坡道：在门前仅有台阶的楼宇加装标准无障碍轮椅坡道。主要需要改造的场所有：东 5、东区停车场、东区绿地、一教、西 6、西 8、清真食堂。

2. 无障碍卫生间

本次调查共覆盖 25 栋楼宇的 195 个卫生间，其中仅 9 个（4.61%）卫生间是无障碍卫生间，可以从以下两方面进行完善。

改造现有卫生间：①移建卫生间厕位的隔板和厕门，扩大卫生间内厕位及通道的轮椅回转空间；②拆除厕位前台阶，缩小厕位与平地的高度差；③在马桶厕位两侧安装扶手；④加装或调整厕位内取纸器的高度至 400mm—500mm 以方便有障碍人士取用；⑤改造无障碍厕位门减小开启阻力，并在厕位门外加装可紧急开启的插销；⑥将卫生间内地面瓷砖改为防滑瓷砖并改善卫生间内地面的排水系统。主要需要改造的楼宇有：一教、二教、西 6、西 7、西 8、西 13、西 25。

增设无障碍卫生间：在原有卫生间难以改造的楼宇，或空间足够规划的楼宇按建设标准增设无障碍卫生间。主要需要改造的楼宇有：东 5、东 9、东区停车场、西 6、西 24、清真食堂、法医楼。

3. 无障碍电梯

"楼宇配有无障碍电梯"达标率仅为 15.63%，没有无障碍电梯对残障人士上下楼会造成很大困扰，所以在条件允许的情况下建议在楼宇内按标准加装无障碍电梯。主要需要改造的楼宇有：一教、二教、西 6、西 7、西 8、B1 自习室、西苑食堂、西 24、西 20、西 21、东 5、法医楼。

4. 无障碍标识

醒目的无障碍标识有助于残障人士识别无障碍设施，并且能提高无障碍设施的有效利用率。本次调查共覆盖 32 个场所，其中仅有 7 个（21.88%）场所的无障碍设施设有相应的无障碍标识，总体上无障碍标识的设置率较低。同时，在实地调研反馈得到的个体诊断报告中，"张贴醒目无障碍标识"的建议提及率达到92.59%。

因此应在校园内所有已建、待建及待改造的无障碍出入口、低位服务设施、无障碍卫生间、无障碍电梯等处张贴醒目的无障碍标识。

5. 无障碍宿舍

枫林校区已经注意到了对无障碍宿舍建设的必要性，但从目前无障碍宿舍各项指标的达标情况来看，还需对现已设置的无障碍宿舍进行以下升级改造：①拓宽单间卧室面积至 $7.00m^2$ 以上，双人卧室面积至 $10.50m^2$ 以上；②调移开关至方便乘轮椅者靠近和使用的高度；③在无障碍宿舍内方便可及的位置及高度安装求助呼叫按钮；④改造宿舍卫生间内的浴盆、淋浴、坐便器、洗手盆及安全抓杆等设施，帮助有障碍人士实现无障碍如厕及洗漱。主要需要改造的楼宇有：二号书院楼、留学生宿舍、西20—21号楼。

（二）第二批次改造设施

1. 无障碍楼梯

目前仅需对现有楼梯进行改造：①在楼梯靠墙一侧加装扶手；②在栏杆式楼梯的栏杆下方加装安全阻挡措施；③涂饰台阶踢面/踏面使二者有明显颜色区分；④贴醒目贴纸条在台阶上以提示楼梯上行及下行第一级台阶。主要需要改造的楼宇有：一教、二教、西24。

2. 无障碍通道

楼宇内通道是否达标关系到轮椅使用者是否能在楼宇自由移动。基于此提出以下建议：一方面，需将开启难度较大的弹簧门替换为自动门，在玻璃门上张贴醒目的提示标志；另一方面，建议加宽校园各处门禁口通道或单独开辟有障碍人士进出通道。主要需要改造的场所有：西25、生活服务设施（超市、全家、打印店）、法医楼、西苑绿地及东区草坪。

3. 无障碍低位服务设施

本次调查共覆盖25栋楼宇，其中仅有7栋（28%）楼宇设置了无障碍低位服务设施。同时，在实地调研反馈得到的个体诊断报告中，"设置无障碍低位服务设施"的建议提及率达到74.07%。

因此，建议增设专用的无障碍饮水机和圈存机，使其操作平台离地高度不高于900mm。主要需要增设设施的楼宇有：东5、明道楼、一教、二教、西8、B1自习室。

4. 无障碍轮椅席位

目前校园内各处并未设置无障碍轮椅席位，建议在各楼宇内的教室、食堂或会议室内，通过划定方便进出、就座的区域，改造原有席位为轮椅席位或重设新轮椅席位。主要需要改造的楼宇有：一教、二教、清真食堂。

校园无障碍环境建设是校园精神文明的重要展现，也是提高校园生活质量的必要保障。本课题组成员基于通用设计理念，在综合评估校内师生、参访人员工作、学习、生活不同场景需求的基础上，形成校内场所调查目录，并依据《无障碍设计规范》制定调查工具包，实地考察复旦大学枫林校区各场所无障碍建设情况，并形成诊断报告，针对性地提出改造建议。希望能为下一阶段校园改造建言献策，树立无障碍建设融入校园环境建设的意识，首先满足行动不便者最基本的生活需求，尔后在校园环境建设中逐步完善无障碍建设，最终实现建设通用包容校园环境的目标。

第九章
无障碍环境建设展望与建议

一、构建的理论框架对无障碍环境建设具有较强的指导性

本研究基于系统论、通用设计理念和多中心治理理论等理论，构建了无障碍环境建设理论框架。系统论既是认识论也是方法论。系统指的是由若干相互联系、相互作用的部分(要素)组成，在一定环境中完成特定功能的有机整体。任何事物都可以看作是一个系统。

过去我国无障碍环境建设，从结果来看，出现了建成无障碍环境可使用性和实用性不高的问题，从更深角度来看，是建设前和建设过程中，各建设主体在建设和管理过程中呈现出碎片化行为，例如，多头管理、职责不清，衔接滞后等。此外，我国无障碍环境建设过于追求数量和形式化建设，忽略质量和人群需求。

对于无障碍环境建设而言，其生命周期涉及数量众多的主体、主体协作机制、众多建设环节等。基于系统论、多中心治理理论和通用设计理念构建的无障碍环境建设框架能够将上述主体、机制、环节、理念等纳入到统一框架，能够以一个系统和全面的角度来看待和分析无障碍环境建设相关问题。

本研究构建的理论框架强调了无障碍环境建设需理念先行，即需要基于"通用设计理念"和"人群需求"来设计、规划和建设无障碍环境；整个建设生命周期需纳入多元主体，充分考虑各方关切，在科学高效机制护航下，开展有序协作；补全需要的建设环节；最终以满足人群需求和实现无障碍环境价值为目标。

二、基于多元资料途径界定问题可减少因优势利益集团产生的选择偏差

无障碍环境建设是一项涉及多元主体和多元机制的系统工程。在本研究搜集所需信息过程中，会获取不同主体就无障碍环境表达的各种观点、意见和建议。其中，处于优势地位主体会占据表达途径和表达内容主流。如果基于单一数据和资料来源，分析资料可能受到单一或特定利益主体影响，使

得分析结果局限于某一视角，不能真正反映研究对象的全面性、真实性和系统性。

本研究在无障碍环境建设现状分析和问题界定过程中，基于多元数据途径，从官方网站和官方统计资料中获取二手数据和政策文本，从学术文献数据库获取文献资料，从网络论坛和访谈获取无障碍环境使用者有关无障碍环境的看法态度资料，从专家论证获取专业的判断资料。

在无障碍环境建设现状分析中，需要了解我国及上海市无障碍环境建设的实践现状和管理现状，这不仅需要了解当前我国及上海无障碍环境都开展了哪些管理工作，我国及上海无障碍环境出台了哪些管理政策条例，上海公共环境的无障碍化程度到底是如何的，还需要从无障碍环境服务对象（功能障碍者、老年人和其他社会公众）了解他们对无障碍环境概念的了解和他们"眼中"的无障碍环境是如何的。对于上述目标，就需要从不同途径寻找不同资料。

在无障碍环境建设问题界定过程中，按照既往，如果只以学术文献作为问题界定资料来源，界定的问题可能过于理论化，代表着研究者对无障碍环境建设的看法和意见，以及由于学术文献具有滞后性，界定的问题的紧迫性相对较低；如果只以政策文本或访谈资料作为问题界定资料来源，界定的问题可能会被低估，不能反映当前无障碍环境真正存在的问题。因此，本研究在问题界定过程中，首先基于多元资料途径系统搜寻问题，接着对问题汇总，形成问题清单，这个问题清单包括多个无障碍环境建设利益相关主体发表的意见，能够从多层次和多视角反映当前无障碍环境建设存在的问题。

基于多元资料途径搜集问题除了上述优势外，还可以通过比较不同途径搜集而来的问题，来相互验证问题的严谨性和逻辑性，从而增强研究过程和研究结果的有效性。然而，多元途径收集资料存在着耗时长、耗费人力和效率相对较低等问题。在本研究中，对无障碍环境建设问题界定多以学术文献为主，这表明，学术文献途径依旧是资料的主要来源，具有较高的效率。如果能够制定科学检索式，在多个学术文献数据库开展文献检索，并制定严格的排除纳入标准，学术文献可以成为快速界定问题的优先资料来源。

三、应推进通用设计理念应用于我国无障碍建设实践

本研究发现，不论当前我国无障碍环境建设实践管理主体，还是社会公众对"通用设计理念"或"通用设计原则"的理解都还处于较低水平。而在日本和美国，由于政策护航和社会各主体积极实践，"通用设计理念"已经逐渐发展为无障碍环境建设实践中的主流理念。"通用设计理念"强调建筑、环境和产品设计应该适宜于所有社会成员，即，在设计实践中，设计对象应综合考虑所有人具有的差异性人体和认知功能，以保证设计出的环境和产品能够具有多种接近和使用方式，从而保证让社会上所有成员都有机会使用。可以说，"通用设计理念"是对"无障碍理念"的一种延伸。

既往研究显示，基于"通用设计理念"的设计能够提升个人、家庭和社区的生活质量，促进教育发展，此外，挪威的一项研究显示，公共交通实行"通用设计理念"具有成本效益，还应看到"通用设计理念"在老龄化社会中所扮演的重要角色。

无障碍环境建设与管理须遵循一定的价值理念。无障碍相关理念是个人在头脑中对于无障碍环境存在的感知、认识和思维。无障碍环境建设中涉及多主体，包括政府部门、社会团体组织及社会公众。上述主体及整个社会对于无障碍环境的认识和理念，在无障碍环境的规划、建设、建成无障碍环境维护管理以及公众对无障碍环境的利用方面扮演至关重要的角色，有必要在无障碍环境建设理念上达成共识。

此外，随着技术发展和相关研究不断深入，需要持续而先进的无障碍环境理念将技术发展成果应用于无障碍环境及其建设；对于建成无障碍环境管理主体来说，理念的缺乏可能会加剧"无障碍环境建成等于建好无障碍环境"的思维方式。因此，在我国，作为政府责任的无障碍环境建设，需将科学无障碍环境理念融入无障碍环境"生命周期"，即从建设起点到无障碍环境发挥其真正价值。

对于我国来说，推进"通用设计理念"应用于无障碍环境建设实践可能存在一定的阻力。首先，我国到目前为止，尚无明确清晰的政策、条例和规范倡导"通用设计理念"应用于实践；其次，在我国无障碍教育实践中，"通用设计"相关课程的丰富性和深度还处于较低水平，且没有相关实践提供给

受教育者以提升课程效果；第三，我国社会无障碍环境实践者——各种社会经营单位缺乏将"通用设计理念"应用于实践的积极性；此外，还应看到，对于理念的推行，还需要管理部门自身的重视。

在无障碍环境建设管理实践中，倡导将"全人群、多场景"的通用设计理念融入无障碍环境建设管理全过程，即无障碍环境建设理念先行，在建设环节和建设管理中，如标准制定、需求评估、建成体验验收等方面，全面融入"全人群、多场景"的通用设计理念。

四、多元主体和科学高效机制应亟待完善以减少"碎片化"无障碍环境建设

本研究理论框架提示，无障碍环境建设是一个系统工程。一个可持续的无障碍环境建设生命周期需要以人群需求和"通用设计理念"为起点，涉及多元多样利益主体和主体间交叉协作机制。然而，本研究影响因素和规范差距分析发现，在当前无障碍环境建设实践中，出现较多碎片化行为，例如，建前方案设计缺乏与非管理和非政府主体有效沟通，这种沟通恰好可以帮助提升设计的落地性和合理性；建成无障碍环境监督和维护出现多头负责、多头管理，导致责任落空等碎片化现象。应从政策规制和管理实践两个层面，逐步探索科学高效的管理机制，逐渐减少无障碍环境建设过程中的碎片化现象。

五、系统性科学政策需配套执行方案以保障政策效应和可持续性

本研究基于健康策略构建思路，结合构建的理论框架初步研制了无障碍环境建设发展策略。本研究基于当前无障碍环境建设存在的关键问题和差距，提出相关目标，并凝练出具体和具有可操作性的措施进而形成策略。该策略从理念发展、战略规划、管理机制、政策执行、资源投入与支持和政策保障等维度，强调无障碍环境建设中生命周期中各主体可采取的措施和行为。然而，本研究发现，无障碍环境建设相关政策虽然在短期内能够促进无障碍环境建设实践积极发展，但从长期来看，政策对实践的效应逐渐消失。因此，对于既定无障碍环境建设相关政策，政策文本的科学性、合理性需要保证，但如何将科学合理的政策作用于实践，保证其可持续性，这需要配套

执行方案和高效管控措施。

六、无障碍环境建设研究需要不断深入并基于多元视角

首先，本研究获取的宏观二手资料在时间上只有2002年到2018年，共计17年的跨度，对于分析我国无障碍环境建设实践的趋势来说，数据点较短，其长期发展趋势难以展示出来；还应看到，由于我国在无障碍环境建设数据监测和上报方面，存在系统和技术不足，因此，本研究使用的二手数据，质量较为不理想。第二，本研究涉及的上海现场调查，样本选取较少，可能造成统计推断功效较差，因此，现场调查所获得结论为探索性的和试点性的。但本研究采用贝叶斯统计推断，结合专家先验信息，来尽可能增加统计效度；此外，由于研究资源客观限制，本研究开展的上海市现场调查，应作为一项初步探索性调查，调查中存在着不可避免的测量误差。第三，本研究的人群数据，来源于网络调查。通过网络调查获取的样本，不可避免存在样本选择偏差，不过，本研究样本量超过1000，尽可能来减缓偏差。最后，本研究中，从无障碍环境使用者，例如功能障碍者和老年人，获取的信息相对较少。

分析方法方面，在网络文本主题分析中，目前尚未有统一的标准来选取主题数量，本研究根据最大似然对数选取，对于一些统计量，本研究难以做出统计推断。贝叶斯推断方面，由于研究客观限制，不能从专家处获取参数的多方面信息，例如，参数最有可能的值、最不可能的值、最大和最小值等，使得本研究无法开展先验选择的敏感性分析。

针对无障碍环境建设的管理问题，下一步研究可单独聚焦无障碍软环境和无障碍服务存在的问题；由于无障碍环境建设实践性和应用性较强，在研究过程中，尽可能多地从管理部门、社会组织和使用者处获取研究资料。此外，为了尽可能多地丰富研究视角，后续研究可增加无障碍环境建设专题调查。

参考文献

[1] 中国残疾人联合会. 数据中心［EB/OL］.［2018-11-12］. http：//www.cdpf.org.cn/sjzx/cjrgk/201206/t20120626_387581.shtml.

[2] 国家统计局［EB/OL］.（2018-02-28）［2018-11-25］. http：//www.stats.gov.cn/tjsj/zxfb/201802/t20180228_1585631.html.

[3] 中华人民共和国中央人民政府."健康中国2030"规划纲要［EB/OL］.（2016-10-25）.［2018-11-12］. http：//www.gov.cn/zhengce/2016-10/25/content_5124174.htm.

[4] 搜狐网.北京盲道被指设计不合理盲人直言走就是作死［N/OL］.［2018-11-12］. http：//news.sohu.com/20130827/n385137389.shtml.

[5] 网易网.中国盲道的数量世界第二,为什么上面却没有盲人［N/OL］.［2018-11-12］. https：//news.163.com/19/0102/01/E4FQSBDE00018M4D.html.

[6] 王振川.国务院批准由国家计委国家教委民政部财政部劳动部卫生部及中国残联编制的《中国残疾人事业五年工作纲要（1988—1992年）》［EB/OL］.［2018-11-15］http：//cyfd.cnki.com.cn/Article/N2015110041003114.htm.

[7] 中华人民共和国中央人民政府.我国推动无障碍建设的法规、政策、标准［EB/OL］.［2018-11-15］. http：//www.gov.cn/fuwu/cjr/content_2630831.htm.

[8] 中国残疾人联合会.法律法规［EB/OL］.［2018-11-15］. http：//www.cdpf.org.cn/zcwj1/flfg/200711/t20071114_25284_2.shtml.

[9] 中华人民共和国住房和城乡建设部.无障碍环境建设条例［S/OL］. http：//www.mohurd.gov.cn/fgjs/xzfg/201207/t20120711_210602.html.

[10] 上海市人民政府.市商务委员会［EB/OL］.［2019-06-23］. http：//sww.sh.gov.cn/zgshBzhcc/Com_viewlist.do.

[11] 国务院.无障碍环境建设条例［EB/OL］.［2019-12-12］. http：//www.gov.cn/zwgk/2012-07/10/content_2179864.htm.

[12] 中国残疾人联合会.中国残疾人事业发展统计公报（2002—2018年）［EB/OL］.［2019-12-18］. http：//www.cdpf.org.cn/.

[13] 人民网.上海市政务公共事业服务网站无障碍建设情况调查报告（第三季度）［EB/OL］.［2020-01-15］. http：//wza.people.com.cn/dchd/a/dfzf/shanghai/tj/1010/t512-29.html.

［14］人民网.全国各省（市、区）政务信息无障碍建设情况报告［EB/OL］.［2020-01-15］.http：//wza.people.com.cn/wza2013/a/xinwensudi/2019/0319/92.html.

［15］辽宁省残疾人联合会.大连市：上海市无障碍环境建设的特点及我市的差距［EB/OL］.［2020-01-23］.http：//www.lncl.org.cn/clxwpd/cljltt/201801/t20180115_3147277.html.

［16］上海市残疾人联合会.市无障碍督导总队督导残疾人家庭与银行网点无障碍环境建设工作［EB/OL］.［2020-01-23］.http：//www.shdisabled.gov.cn/clwz/clwz/xwzx/gzdt/2018/12/12/4028fc7666f21ef10167a18e63dc4849.html?tm=1546502199009.

［17］上海市残疾人联合会.上海市无障碍环境建设又迈上一个新台阶［EB/OL］.［2020-01-23］.http：//www.shdisabled.gov.cn/clwz/clwz/xwzx/gzdt/2016/02/04/4028fc7652a10de90152aacde3ff07c0.html.

［18］智库中国.如何完善上海无障碍环境建设［EB/OL］.［2020-1-7］.http：//www.china.com.cn/opinion/think/2019-05/31/content_74841400.htm.

［19］残疾人高等教育 https：//www.sohu.com/a/252529033_428290.

［20］清华大学清新时报 https：//mp.weixin.qq.com/s/lUZf8NVGXzm2zOtms-LqJw.

［21］向铭铭，杨茹，钟秋婷.北川新县城无障碍设施建设及使用调查研究［J］.江西建材，2016（19）：32-33.

［22］邹振伟，袁泽宇.市区无障碍设施建设使用调查——以舟山本岛新区盲道为例［J］.农村经济与科技，2018，29（12）：191-193.

［23］马亚丽，杨渝南.宜昌市无障碍设施的现状调查与对策分析［J］.安徽建筑，2014，21（6）：33-35.

［24］杨锃."正常化"视野下公共性建设之探索——基于城市社区无障碍设施的利用与改善［J］.华中科技大学学报（社会科学版），2018，32（2）：16-22.

［25］张伟芳，史坤博，田新壮，等.城市无障碍设施建设的满意度研究——以兰州市为例［J］.世界地理研究，2017，26（5）：56-68.

［26］薛晋聪.天津市轨道交通无障碍设施满意度调查分析［J］.现代商

业，2018（20）：163-165.

［27］舒平，田甜.循证设计方法下的养老院无障碍设施的适老性调查与思考——以天津市养老院为例［J］.现代园艺，2016（24）：130-131.

［28］宾康维，高春芸，于海清.杭州市无障碍设施满意度调查分析［J］.新西部（理论版），2014（8）：28-47.

［29］林雨菡，杨渝南，张磐，等.宜昌市无障碍设施满意度调查与分析［J］.福建建筑，2018（2）：18-22.

［30］成斌.国内外无障碍环境建设法制化之比较研究［J］.西南科技大学学报（哲学社会科学版），2005，22（3）：28-31.

［31］樊行.国内外无障碍设施规划建设情况的比较及启示［A］//转型与重构——2011中国城市规划年会论文集［C］.2011.

［32］成斌.国内外无障碍环境建设法制化之比较研究［J］.西南科技大学学报（哲学社会科学版），2005，22（3）：28-31.

［33］贾巍杨，王小荣.中美日无障碍设计法规发展比较研究［J］.现代城市研究，2014（4）：116-120.

［34］成斌，赵祥.近20年国际无障碍环境建设法制进程综述［J］.建筑科学，2008，24（3）：157-159.

［35］许巧仙.破解无障碍环境建设困境：以社会治理理论为视角［J］.河海大学学报（哲学社会科学版），2015，17（6）：43-48.

［36］李炜冰.无障碍环境建设中的政府责任［J］.苏州大学学报（哲学社会科学版），2010，31（2）：25-30.

［37］刘灿.高度重视无障碍环境建设［J］.中国房地产业，2016（9）.

［38］刘蕾.沈阳市城市残疾人无障碍环境建设研究［D］.沈阳：东北大学，2011.

［39］张燕.城市公共空间无障碍环境建设对策研究［D］.武汉：华中科技大学，2008.

［40］闫蕊.美国的无障碍环境建设［J］.社会保障研究（北京），2007（1）：206-215.

［41］孙一平，崔影.台湾及香港地区无障碍设施建设［J］.北京规划建设，2007（6）：64-65.

[42] 张东旺. 中国无障碍环境建设现状、问题及发展对策 [J]. 河北学刊, 2014（1）: 122-125.

[43] 谭力, 沈萍. 构建物质无障碍居住环境的法律探讨 [J]. 政法学刊, 2006, 23（6）: 102-103.

[44] 王小荣. 无障碍意识认知与无障碍环境设计研究 [J]. 建筑师, 2013（4）: 75-79.

[45] 安天义. 我国无障碍法律环境研究及国际比较 [D]. 北京: 清华大学, 2010.

[46] 潘海啸, 熊锦云, 刘冰. 无障碍环境建设整体理念发展趋势分析 [J]. 城市规划学刊, 2007（2）: 42-46.

[47] 张东辉, 李珂. 通用设计与无障碍设计辨析 [J]. 华中建筑, 2009, 27（2）: 94-96.

[48] 何向伟. 系统论视角下中等职业学校英语教学管理的评价及控制策略研究 [D]. 广州: 广东技术师范学院, 2018.

[49] 钱学森, 许国志, 王寿云. 组织管理的技术——系统工程 [J]. 上海理工大学学报, 2011, 33（6）: 520-525.

[50] 张东辉, 李珂. 通用设计与无障碍设计辨析 [J]. 华中建筑, 2009, 27（2）: 94-96.

[51] 高霞. 多中心理论视角下我国农村社区治理研究 [D]. 青岛: 中国海洋大学, 2014.

[52] 高向东. 上海远郊区流动人口集聚研究 [J]. 城市发展研究, 2009, 16（2）: 105-108.

[53] 邓生庆. 归纳逻辑百年历程 [M]. 北京: 中央编译出版社, 2006.

[54] 郑全太. 图书馆理论研究的一个重要方法:科学假说——演绎法——兼谈方法论的结构及系统变革 [J]. 图书馆, 1998（6）: 13-15.

[55] 傅鸿鹏. 公共政策方案研制程式的研究 [D]. 上海: 复旦大学, 2003.

[56] 荣超, 汤真清, 冯学山, 等. 基于诊断树方法论证上海市社区全科医师团队发展现状 [J]. 中国农村卫生事业管理, 2014（4）: 373-375.

[57] 周瑜婕, 沙鸥, 蒋海勇. 基于需求层次理论的无障碍环境建设规划

探索——以贵港市中心城区为例［A］.共享与品质——2018中国城市规划年会论文集（12城乡治理与政策研究）［C］.2018.

［58］周萍英.区校共建新图书馆内部功能建设的调研与规划［J］.宁波职业技术学院学报，2013（5）：66-69.

［59］马臣.基于通用设计理念的起居产品设计研究［D］.天津：河北工业大学，2009.

［60］吴文博.我国无障碍环境建设问题研究［D］.西安：西北大学，2015.

［61］潘沁.兰州市城市无障碍环境建设研究［D］.兰州：兰州大学，2013.

［62］周文麟.城市无障碍环境设计［M］.北京：科学出版社，2000.

［63］高桥仪平.日本无障碍设计［J］.设计，2010（10）：62-65.

［64］曹盛盛.平等与尊重——美国通用设计理论的演变和实践发展［J］.装饰，2016，277（5）：110-112.

［65］韩颖，薛云.城市无障碍环境的建设理念与实践特点［J］.深圳大学学报（理工版），2017（4）.

［66］曹敏娜，刘荣增.英国城市的无障碍环境建设［J］.城市问题（1）：77-81.

［67］贾巍杨，王小荣.中美日无障碍设计法规发展比较研究［J］.现代城市研究，2014（4）：116-120.

［68］日本国土交通省.方便老年人、残障人出行的交通与建筑无障碍法规［S］.东京：日本国土交通省，2007.

［69］宫晓东，高桥仪平.日本无障碍环境建设理念及推进机制分析［J］.北京理工大学学报（社会科学版），2018，020（002）：168-172.

［70］贾巍杨.美英无障碍法规发展与我国的比较研究及其启示［J］.建筑与文化，2014（7）：90-91.

［71］邓凌云，张楠.浅析日本城市公共空间无障碍设计系统的构建［J］.国际城市规划，2015，30（S1）：106-110.

［72］中国残疾人事业统计年鉴［M］.北京：中国统计出版社，2011-2018.

[73]潘海啸，邹为，赵婷，等.上海轨道交通无障碍环境建设的再思考[J].上海城市规划，2013（2）：70-76.

[74]谭少华，赵万民.基于双核心模式的城市无障碍环境建设[J].重庆建筑大学学报，2007，29（4）：8-11.

[75]闻德亮，吕军.全球妇幼健康[M].北京：人民卫生出版社，2017.

[76]潘海啸，熊锦云，刘冰.无障碍环境建设整体理念发展趋势分析[J].城市规划学刊，2007（2）：46-50.

[77]王小荣.无障碍意识认知与无障碍环境设计研究[J].建筑师，2013（4）：75-79.

[78]教育部等七部门关于印发《第二期特殊教育提升计划（2017—2020年）》的通知，教基〔2017〕6号.

[79]中华人民共和国住房与城乡建设部，中华人民共和国国家质量监督检验检疫总局.无障碍设计规范（GB50763-2012）[S].北京：中国建筑工业出版社，2012.

[80]邵磊.无障碍与校园环境[M].沈阳：辽宁人民出版社，2019.

[81]徐义超.系统论视角下安徽九华山佛教建筑旅游资源保护性开发研究[D].南宁：广西大学，2017.

[82]杜云鹤.基于老龄化背景下通用设计的研究与运用[D].苏州：苏州大学，2018.

[83] WHO. Age-friendly environments [EB/OL].[2018-11-12]. http://www.who.int/ageing/age-friendly-environments/en/.

[84] Steinfeld E，Danford G S. Enabling Environments：Measuring the Impact of Environment on Disability and Rehabilitation [J]. 1999.

[85] UNNATI-Organization for Development Education. DESIGN MANUAL FOR A BARRIER-FREE BUILT ENVIRONMENT [R/OL].[2019-02-19]. http://www.unnati.org/pdfs/manuals/barrier-free-built-environment.pdf.

[86] WHO. World report on disability.[R/OL].[2018-11-12]. http://www.who.int/disabilities/world_report/2011/en/.

[87] THE WORD BANK. DISABILITY INCLUSION[EB/OL].（2018-9-26）[2018-11-12]. https://www.worldbank.org/en/topic/disability.

［88］WHO. The global burden of disease：2004 update［R/OL］.［2018-11-12］. http：//www.who.int/healthinfo/global_burden_disease/2004_report_update/en/.

［89］International labour organization. Facts on People with Disabilities in China［EB/OL］.［2018-11-14］. https：//www.ilo.org/wcmsp5/groups/public/asia/ro-bangkok/ilo-beijing/documents/publication/wcms_142315.pdf.

［90］United Nations. Ageing in China：Trend，Process and Character［R/OL］.［2018-11-25］. https：//www.unescap.org/sites/default/files/Session1_Mr.ZhaiZhenwu_China.pdf.

［91］United Nations. Department of Economic and Social Affairs. Ageing and disability［EB/OL］.［2018-11-12］https：//www.un.org/development/desa/disabilities/disability-and-ageing.html.

［92］WHO. Disaster Risk Management for Health Fact Sheets. people with disabilities and older people［EB/OL］.［2018-11-12］. http：//www.who.int/hac/events/drm_fact_sheet_disabilities.pdf.

［93］Access Board［EB/OL］.［2018-11-20］. https：//www.access-board.gov/the-board.

［94］Shen Dianzhong. Research Report of Urban Barrier-Free Facilities Construction in China［EB/R］.［2018-11-12］. http：//pubdocs.worldbank.org/en/5431456263503406/China-November-2011-Disability-Report.pdf.

［95］The Center for Universal Design.NC State University.About the center［EB/OL］.［2018-11-25］. https：//projects.ncsu.edu/ncsu/design/cud/about_us/usronmace.htm.

［96］The Center for Universal Design. NC State University. About the center［EB/OL］.［2018-11-25］. https：//projects.ncsu.edu/ncsu/design/cud/about_us/usronmace.htm.

［97］Penn State Eberly College of Science. STAT 501 Regression Methods. https：//online.stat.psu.edu/stat501/lesson/13/13.1［EB/OL］.［2019-12-23］.

［98］联合国.残疾人权利公约［EB/OL］.［2019-11-1］. https：//www.un.org/development/desa/disabilities/convention-on-the-rights-of-persons-with-disabilities.html.

［99］联合国. 联合国残疾人机会均等标准规则［EB/OL］.［2019-10-12］. https：//www.un.org/esa/socdev/enable/dissre00.htm.

［100］Pam MS. BARRIER-FREE ENVIRONMENT［EB/OL］.［2019-03-15］. https：//psychologydictionary.org/barrier-free-environment/

［101］The U.S. Access Board. About the U.S. Access Board［EB/OL］.［2019-07-07］. https：//www.access-board.gov/the-board.

［102］U.S. Department of Labor and Industry. Plan Review and Inspection Requirements［EB/OL］.［2019-09-12］. https：//www.dli.pa.gov/ucc/Pages/Plan-Review-and-Inspection-Requirements.aspx#E.

［103］U.S. Department of Justice Civil Rights Division. Information and Technical Assistance on the Americans with Disabilities Act［EB/OL］.［2019-09-23］. https：//www.ada.gov/certcode.htm.

［104］IKAPUTRA，Sholihah A B. MOBILITY FOR ALL：Towards Barrier-Free Environment in Yogyakarta-Indonesia［J］. Iatss Research，2001，25（1）：23-31.

［105］Yu J，Ma G，Jiang X，et al. Impact of the built environment and care services within rural nursing homes in China on quality of life for elderly residents［J］. Engineering Construction & Architectural Management，2017，24（5）：00-00.

［106］Unger I. Boger A. Health-enhancing Physical Activity-Modern Lifestyle-Minimizing Risks and Detecting Chances. THERAPEUTISCHE UMSCHAU. 2016，73（11）：641-650.

［107］Lid I M，Solvang P K.（Dis）ability and the experience of accessibility in the urban environment［J］. Alter-European Journal of Disability research，Revue européen de recherche sur le handicap，2016，10（2）：181-194.

［108］Saigal N，Narayan R. Structural barriers at the workplace for employees with vision and locomotor disabilities in New Delhi，India.［J］. Work，2014，48（3）：329-37.

［109］P. Ramanna. Accessibility of Persons with Disabilities for Barrier Free Environment Issues and Challenges in India.Imperial Journal of Interdisciplinary Research（IJIR）. 2016，2（13）.（Special Issue）.

[110] Ning B, Tian W. A Study on barrier free facilities utilization and users consciousness in ShangHai [C]. International Conference on Multimedia Technology. IEEE, 2011.

[111] Asfaw B, Azage M, Gebregergs G B. Latrine access and utilization among people with limited mobility: A cross sectional study.[J]. Archives of Public Health, 2016, 74(1): 9.

[112] Lee Y C, Shiau Y C, Lee I, et al. A study on the current status of the installation of barrier-free facilities at railway stations [J]. Artificial Life & Robotics, 2014, 19(4): 333-339.

[113] Kuo C W, Tang M L. Relationships among service quality, corporate image, customer satisfaction, and behavioral intention for the elderly in high speed rail services [J]. Journal of Advanced Transportation, 2013, 47(5): 512-525.

[114] Wennberg H, Hydén, Christer, Stéhl, Agneta. Barrier-free outdoor environments: Older peoples' perceptions before and after implementation of legislative directives [J]. Transport Policy, 2010, 17(6): 464-474.

[115] Kang H K, Lee S J, Back S J. Current Status and User Satisfaction Analysis of Neighborhood Park for Barrier Free Friendly Park - A Focus on Cheonho Park, Gandaemae Park and Hunlyunwon Park - [J]. 2016.

[116] Ma Hui, Peng Zheyi. Study on Law of Barrier-free Environmental Construction in China. International Conference on Education, Culture and Social Development(ICECSD 2017). wuhan. 2017.

[117] Guozhong E Z. Inclusion of persons with disabilities in China [J]. Asia Pacific Disability Rehabilitation Journal, 2006(2).

[118] Jia W Y. Comparative Study and Enlightenment of Barrier-Free Laws and Regulations of America, Britain and China [J]. Applied Mechanics and Materials, 2014, 584-586: 6.

[119] Ma Hui, Peng Zheyi. Study on Law of Barrier-free Environmental Construction in China[R]. Wuhan. International Conference on Education, Culture and Social Development(ICECSD 2017). 2017.

[120] Burgstahler S. Universal Design of Instruction(UDI): Definition,

Principles, Guidelines, and Examples. [J]. DO-IT, 2012 : 4.

[121] Colugnati, F A B, Louzada-Neto, F, de Aguiar Carrazedo Taddei, J A. An application of bootstrap resampling method to obtain confidence interval for percentile fatness cutoff points in childhood and adolescence overweight diagnoses [J]. International Journal of Obesity, 29 (3) : 340-347.

[122] Bolstad W M, Curran J M. Introduction to Bayesian Statistics, Third Edition ‖ Bayesian Inference for Normal with Unknown Mean and Variance [J]. 2016, 10.1002/9781118593165 : 355-391.

[123] Muggeo V M R. Estimating regression models with unknown break-points [J]. Statistics in Medicine, 2003, 22 (19) : 3055-3071.

[124] Michael P. Fay, Ram C. Tiwari, Eric J. Feuer and Zhaohui Zou. Estimating Average Annual Percent Change for Disease Rates without Assuming Constant Change [J]. Biometrics, 62 (3) : 847-854.

[125] Kim HJ, Fay MP, Feuer EJ, Midthune DN. Permutation tests for joinpoint regression with applications to cancer rates. Stat Med 2000, 19 : 335-51.

[126] Lopez Bernal J, Cummins S, Gasparrini A. Interrupted time series regression for the evaluation of public health interventions : a tutorial [J]. International Journal of Epidemiology, 2016 : dyw098.

[127] T.S. Breusch & A.R. Pagan (1979), A Simple Test for Heteroscedasticity and Random Coefficient Variation. Econometrica 47, 1287-1294.

[128] Newey, W. K., and K. D. West. 1987. A simple, positive semi-definite, heteroskedasticity and autocorrelation consistent covariance matrix. Econometrica 55 : 703-708.

[129] Iwarsson S, St H A. Accessibility, usability and universal design—positioning and definition of concepts describing person-environment relationships [J]. Disability & Rehabilitation, 2003, 25 (2) : 57-66.

[130] Song L, Zhang S W, Li Z M. Planning and Design of Urban Barrier Free Building Environment with Aging of Population [J]. Applied Mechanics and Materials, 2012, 238 : 536-538.

[131] Henry S L, Abouzahra S, Brewer J. The role of accessibility in a

universal web [J]. 2014.

[132] Bednar M J. Barrier-free environments [M]. Van Nostrand Reinhold, 1977.

[133] Henry S L, Abouzahra S, Brewer J. The role of accessibility in a universal web [J]. 2014.

[134] ECO-MO FOUNDATION. 交通无障碍的共生社会（小学生版）（第4版）[M]. 东京：工艺财团法人 Eco-Mo Foundation, 2014：7-8.

[135] Hartje S C. Universal Design Improves the Quality of Life for Individuals, Families, and Communities [J]. Journal of Family and Consumer Sciences, 2017, 109.

[136] Universal Design in Higher Education: From Principles to Practice. [J]. Harvard Education Press, 2008.

[137] Nielsen D. Universal Design in First-Year Composition—Why Do We Need It, How Can We Do It? [J]. Cea Forum, 2014, 42：3-29.

[138] Darragh J. Universal Design for Early Childhood Education：Ensuring Access and Equity for All [J]. Early Childhood Education Journal, 2007, 35（2）：167-171.

[139] Odeck J, Hagen T, Fearnley N. Economic appraisal of universal design in transport：Experiences from Norway [J]. Research in Transportation Economics, 2010, 29（1）：304-311.